너를 위해 사는 것이
인생이라고
니체가 말했다

너를 위해 사는 것이
인생이라고
니체가 말했다

이관호 지음

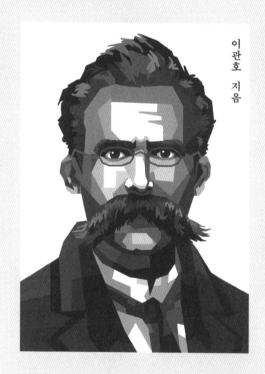

다산
초당

Nietzsche, the First
Psychologist: Live for No
One but Yourself

무엇보다 나는 슬퍼하고
비통해하는 모든 사람을
단단한 땅 위에
튼튼한 다리로 서게 하고 싶다.

—『차라투스트라는 이렇게 말했다』

일러두기

- 니체의 원문은 파리고등사범학교École normale supérieure 산하 하이퍼니체협회Association HyperNietzsche가 운영하는 www.nietzschesource.org의 편집본을 따랐다.

- 이 책의 각주에서 니체의 저서 『차라투스트라는 이렇게 말했다』는 '차라투스트라', 『인간적인 너무나 인간적인』은 '인간적인'으로 줄여서 표기했다.

- 니체의 심리학을 쉽게 전달하기 위해 『데미안(헤르만 헤세 저)』 『그리스인 조르바(니코스 카잔차키스 저, 이윤기 역)』 『참을 수 없는 존재의 가벼움(밀란 쿤데라 저)』을 수록했다. 한국에서 가장 사랑받는 이 작품들은 모두 니체의 영향을 강하게 받았다.
  니체처럼 고독하게 자신의 길을 가려는 사람은 『데미안』을, 니체가 말한 힘에의 의지를 실천하는 방법과 초인의 모습이 궁금한 사람은 『그리스인 조르바』를, 니체가 말한 삶의 가벼움과 무거움의 문제를 고민해 보고 싶은 사람은 『참을 수 없는 존재의 가벼움』을 읽어보기를 바란다.

처음 만나는 니체 심리학

당신의 결혼식 날, 아주 가깝다고 믿었던 친구가 축의금으로 5만 원을 보내왔다고 해보자. 아마도 당혹감, 의아함, 서운함, 노여움 등의 감정이 순차적으로 올라올 것이다. 신혼여행을 다녀오고 그 친구를 다시 만났는데, 그가 "너희 두 사람 정말 잘 어울린다"며 여행이 즐거웠냐고 묻는다면 어떤 표정으로 그를 대해야 할까. 언제일지 모를 친구의 결혼식 날을 상상해 볼 수도 있다. 나도 똑같이 5만 원만 보내면 될까, 아니면 본래 생각했던 적어도 5만 원보다는 많은 축의금으로 '난 기브 앤드 테이크 스타일은 아니야'를 과시해야 할까. 어쩌면 찬란했던 우리의 우정은 5만 원 정도의 관계로 전락하다가 종국에 이를지도 모른다.

이처럼 우리는 일상에서 늘 소소하거나 중차대한 선택의 순간을 맞닥뜨린다. 궁리를 거듭하다가 철학자들에게 더 나은 답을 구하고 싶을 수 있다. 공리주의의 벤담과 밀, 도덕률의 칸트, 평정심을 주문한 스토아학파, 아니면 고독해져도 좋다는 쇼펜하우어가 떠오를 수도 있다.

만약 니체에게 묻는다면 어떤 답이 돌아올까? 결론부터 말하면 그는 '자기 마음의 이익'을 따라야 한다고 대답할 것이다. 친구에게 똑같은 5만 원으로 앙갚음하는 게 가장 기분 좋은 일일 것 같은가? 그렇다면 그렇게 해도 된다. 하지만 그 방법이 오히려 내 마음을 불편하게 할 수도 있다. 그러면 다른 결정을 내리면 된다.

여기서 핵심은 자기 마음이다. 니체는 어떤 선택의 문제에서 인간의 감정을 중요하게 생각했다. 곤란을 겪을 때는 우선 마음의 상태를 직시하고 그 감정이 이끄는 대로, 감정에 이로운 방향으로 전략적 선택을 하라는 것이다. 심리학자다운 생각이며, 심리학자가 해줄 법한 조언이다.

철학뿐 아니라 정치와 예술 등 우리 사회 전 분야에 영향을 미친 니체이기에, 그가 현대의 심리학과 정신분석학에 영향을 미쳤다는 사실 역시 크게 놀랍지 않을 수 있다. 하지만 줄곧 '철학자 니체'만을 이야기해 온 우리에게는 여전히 '심리학자 니체'가 낯설다. 그러나 나는 니체를 읽으며 그가 철학자라기보다 심리학자라는 인상을 강하게 받았다. 생전에 니체는 스스로에 대해 이렇게 이야기했다.

나 이전에 심리학자라 할 만한 철학자가 한 명이라도 있었던가? 지금껏 심리학은 존재하지 않았다. 내가 이 새로운 분야의 개척자가 된다는 건 하나의 저주일지도 모르지만 어쨌든 이것은 내 운명이다.[1]

이처럼 니체는 자기 이전에 '제대로 된' 심리학은 없었다며 스스로를 최초의 심리학자로 규정했다. 그리고 인간 심리에 대한 자신의 깨달음을 '저주받은 운명'이라고 부를 만큼 사명감과 자부심을 동시에 갖고 있었다. 그는 심리학이 현대인에게 큰 영향을 끼치리라는 걸 예견한 듯하다. 그럼에도 '심리학자 니체의 이기주의'는 그동안 니체를 다룬 교양서에서 흔하게 발견되는 테마가 아니었다. 이것이 니체 관련 도서가 범람하는 가운데 굳이 책을 쓴 이유다.

니체는 여러 저서에서 인간의 감정이 어떻게 작동하거나 움직이는지(즉 정동情動) 이야기한다. 그리고 그것이 어떻게 내면의 에너지(또는 힘)가 되고, 즐거움(또는 쾌감)을 선사하는지에 대한 심리적 메커니즘을 제시한다. 또한 그는 생활 속 인간관계와 거기에서 비롯되는 인간의 심리를 매우 섬세하게 이야기하는데 때로는 잠언 형태로, 때로는 시나 문학의 형태로 비유적으로 알려준다. 줄곧 통념과 다른 이야기를 하는데도 그의 말은 강력한 공감을 일으킨다. 상식을 뒤엎는 생경한 이야기에 마음이 동요한다. 역설적인 구도가 니체 심리학만의 독특한 치유를 만들어낸다.

니체의 말에 힘이 있는 까닭은 그의 삶과도 관련이 있다. 우스갯소리로 니체의 일대기나 사진을 보면 그가 주장하는 초인 사상과는 거리가 있어 보인다. '춤을 추라'는 메시지와 달리 왠지 그는 춤을 추지 않을 것 같고, '실패는 용서할 수 있어도 재미없는 건 용서가 안 된다'는 말과 달리 음울한 기운을 풍기며 '힘에의 의지를 가지라'고 조언하지만 무기력해 보이는 건 필자만의 느낌은 아닐 것이다.

잘 알려진 대로, 건강 문제로 대학을 떠나고 업적도 인정받지 못하며 정신착란까지 겪었던 니체다. 그는 스스로를 구원하기 위해 피를 토하는 마음으로 글을 썼고, 그 글이 모여 그의 심리학이 되었다. "나는 피로 쓴 글만을 사랑하리라"라는 니체의 말에서 느껴지듯, 우리는 그의 진심과 치열함이 밴 글을 통해 깊은 위로를 받을 수 있다.

나를 제대로 사랑하기 위한 이기주의

앞서 언급한 축의금 사건에 대해 니체는 '마음의 이익을 따르라'고 조언할 것임을 이야기했다. 이는 눈앞의 물질적인 이득을 따지라는 뜻이 아니다. 친구에게 축의금 20만 원을 건넨다면 나는 15만 원의 금전적 손해를 보게 되니 곤란하다는 목소리와는 다르다. 그냥 이익이 아니라 '마음의 이익', 즉 자기 안의 '이기심'을 따르라는 조언이다.

이 지점에서 누군가는 의아함을 느낄지도 모르겠다. 니체가 걱정하지 않아도 우리는 충분히 이기적으로 살고 있지 않은가? 남에게 손해 보지 않으려고 발버둥쳐 본 경험이 누구에게나 있다. 비관을 조금 더 보태면, 우리 시대는 이미 종교와 도덕이 힘을 잃고 법망을 피해 가는 잔꾀와 남을 법망에 걸리게끔 유도하는 비열함이 가득한지도 모른다. 굳이 니체에게서 이기심을 배워야 하는 이유는 무엇일까.

어차피 이기적으로 살 거라면, 제대로 된 이기주의를 배우자는 것이다. 니체는 자신의 대표작 『차라투스트라는 이렇게 말했다』에서 '건전하고 건강한 이기심'에 대해 이야기한다. 니체의 시대만큼은 아니더라도 여전히 우리는 이기심을 나쁜 것, 이타심을 좋은 것으로 생각한다. 하지만 니체는 이타심을 싫어했다. 또 이기심이라고 다 같은 이기심은 아니며 건강한 이기심을 갖춰야 한다고 말한다.

나는 단단한 영혼에서 나오는 건전하고 건강한 이기심을 찬양한다.[2]

그렇다면 무엇이 건강한 이기심이고 무엇이 건강하지 않은 이기심인가? 또 어떻게 해야 니체가 말한 건전한 이기주의자가 될 수 있는가? 이에 대해 니체는 이로움의 대상인 자기가 누구인지 알아야 한다고 답한다. 스스로가 충분히 이기적이라고 믿는 사람에게 니체는 물을 것이다. 당신은 정말로 이기적일까? 혹 당신 자신에 대해 잘 알지 못하는 건 아닐까?

해묵은 짐을 정리하다 발견한 일기장 속 내가 왠지 내가 아닌 듯한 느낌을 받은 적이 있다. 블로그에 '나만 보기'로 저장된 10년 전의 글을 보아도 비슷한 느낌이어서 그때 그런 것들에 집착하고 있었다는 사실을 믿기 어려웠다. 이처럼 우리는 종종 스스로가 누구인지 모른다. 그런데도 우리는 '변함없는 나'에 집착하거나 내가 아닌 허상을 세워두고 그것이 나라고 착각하기도 한다. 스스로가 누구인지도 모르면서 자신의 이익만을 위해서 살아가려는 자들의 자기모순을 니체는 깨뜨리려고 한다.

우리가 느끼는 부정적인 감정(특히 후회)은 대부분 '나의 변함없음'에 대한 집착 때문에 생겨난다. 우리가 행복하게 살기 위해서는 변함없는 자신이라는 허상이 아니라 변화하는 마음을 들여다보아야 한다. 우리에게 확실한 건 지금의 감정과 그에 긴밀히 연결된 몸뿐이다.

니체를 만나면 우리의 마음에 군더더기가 없어지고 감정과 욕망을 가리는 가면과 베일을 벗게 된다. 허울 좋은 미덕을 싫어했던 니체가 유일하게 강조한 미덕은 바로 이 솔직함이다. 그래서 니체는 "그동안 많이 힘들었지? 고생했어. 과거는 잊어. 이제부터는 잘될 거야. 인생 뭐 있어? 힘을 내"와 같은 통상적인 이야기를 건네지 않는다. 그는 위로하지 않는다. 대신 스스로를 극복할 수 있는 '힘'에 대해 알려줌으로써 우리에게 힘이 된다. 후회에서 벗어나 지금을 열정으로 살아갈 용기를 부여한다.

용기를 준다니 희망적인 느낌이 들지도 모르겠으나, 니체의 글에 자주 등장하는 '자기극복'이라는 키워드는 결코 만만하지 않다. 예컨대 니체는 진정으로 스스로를 극복하려면 과거를 피하지 않고 대면할 수 있어야 한다고 말한다. 스스로를 잘 모르거나 미워하는 사람은 이 과정부터가 매우 부담스럽고 만약 니체와 일대일로 상담을 한다면 자리를 박차고 나가고 싶을지도 모른다. 그러니 그저 위로 받기만을 원한다면 니체를 만날 필요가 없다.

하지만 기꺼이 니체를 만날 용기를 낸다면 분명 그 끝에서 변화한 자신을 만날 수 있을 것이다. 니체는 체념에 빠진 상태를 무엇보다 경계했으며 변화하기 위한 용기를 강조했다. 니체의 표현에 따르면 '변화와 생성의 강물'에 스스로를 띄워 새로운 나를 만나는 것이다. 이럴 때 니체가 말한 운명애에 도달할 수 있다.

니체의 바람대로 스스로에게 솔직한 사람이 되어보자. 당신이 착한 사람이었다면 좀 더 이기적인 사람이, 착한 사람이 아니었다면 제대로 이기적인 사람이 되어보자.

인간적인 너무나 인간적인 것, 다시 말해 인간의 심리를 파헤치면 우리는 삶의 짐을 덜 수 있다. 어렵고 힘든 상황, 삶에서 가장 고통받는 시기에 마음을 안정시킬 수 있고 위안을 얻을 수 있다.[3]

착한 사람 콤플렉스에서 벗어나기 위하여

싸우는 경우가 아니라면 누군가를 앞에 두고 "너 이기적이다"라고 말하는 경우는 거의 없다. 하지만 '자기를 이롭게 함'이라는 '이기利己'의 말뜻 자체만 놓고 보면 딱히 나쁜 말은 아니다. 자기를 이롭게 하며 사는 건 너무 당연하지 않은가.

이기심이 나쁜 마음이 되어버린 일차적인 이유는 반대어인 이타심이 훌륭하다고 여겨지기 때문이다. 이타심이 부족하다는 것이 정말 문제일까? 선뜻 그렇다고 대답하긴 어렵다. 그렇다면 왜 이기심은 명백한 문제처럼 느껴질까?

아마 대부분 사람은 이 질문의 답을 '타인'에게서 찾을 것이다. 누군가의 이기심 때문에 다른 사람이 피해를 보아선 안 된다는 것이다. 남에게 피해를 주지 않는 범위에서 자신을 위해야 한다는 생각은 오늘날 개인주의, 자유주의의 근간이 되는 인식이다.

그런데 니체는 조금 다르게 이야기한다. 그의 예리한 시선은 이기심의 초점을 '타인'에서 '자아(에고ego)'로 돌려놓는다.

> 사이비 이기주의의 모습은 이렇다. 이기주의에 대해 뭐라고 생
> 각하고 말하든 간에 대부분 사람은 스스로의 에고를 위해 평생
> 아무것도 하지 않는다. 단지 에고의 환영을 위해 살아간다.[4]

남에게 피해 주지 않는 삶은 그리 어렵지 않다. 적당히 눈치
껏 행동하며 살아가면 되기 때문이다. 그것이 바로 니체가 비판
한 '사이비 이기주의'이다.

하지만 '제대로 이기적인 삶'은 그보다 훨씬 더 어렵다. 자기
를 이롭게 한다면서 정작 남이 만든 환영을 좇고 있지 않은가?
그건 진실로 자신을 위한 삶이 아니다. 우리 대부분이 이기적으
로 살고 있다고 생각하면서도 '진정 나다운 삶'을 계속 갈망하
는 이유는 여기에 있다.

세 가지 이기주의

나쁜 이기주의
다른 사람이나 사회의 이익은 고려하지 않고 자기의 이익만을
위하는 태도

들어가는 글

니체의 건강한 이기주의

내가 진정으로 원하는 바를 추구하며 나를 위하는 태도

사이비 이기주의

나를 위한다고 여기지만 나다운 길이 무엇인지 모른 채 남을
위하는 태도

우리가 니체를 찾는 이유는 명백하다. 니체는 우리에게 나다
운 삶을 독려했고 또 그 방법을 제시했다. 무엇보다 스스로 그
삶을 실천했다. 그렇다면 나다운 삶을 어렵게 만드는 '에고의
환영'은 무엇일까?

아직도 우리에게 이기주의는 너무나 부족하다. 혹시 어떤 집단
에 속하고자 하는 열망을 이기주의라고 부르진 않았는가? 스스
로를 위한다고 여기지만 실상은 어떤 집단 속에서의 에고를 생
각하고 있지 않은가?[5]

"집단 속에서의 에고", 이것이 바로 에고의 환영이다. 우리가
'꿈'이라고 부르는 것들, 10년 후에 어떤 사람이 되겠다는 바람

또한 실은 집단 속에서의 에고일 수 있다. 진정 나다운 길이 무엇인지 고민하지 않는다면 남이 만들어준 꿈을 꾸고, 그 길에서 좌절하고 자책하게 된다. 니체는 우리가 그러한 '사기극'에 말려들어 **불안**해하지 않기를 원한다.

　이제 각자의 머릿속에서 '에고의 환영'을 지우고 **고독해지기**를, 니체의 도움을 받아 이기주의를 연습해 보기를 권한다. 나다운 삶은 '착한 사람 콤플렉스'에서 벗어나는 일에서부터 출발한다.

> 이기주의는 악이 아니다. 물론 타인이 고통받는다는 사실을 배울 필요는 있다. 하지만 노력해도 남의 고통을 완벽하게 알 수는 없다.[6]

　니체의 말이 다소 차갑게 느껴질 수 있다. 이 책의 **동정** 편에서 본격적으로 다룰 이 내용은 니체 심리학의 중요한 테마다. 인간은 타인의 상황을 다 이해할 수 없으므로 자신의 마음을 아는 데 더 힘쓰며 살아야 한다는 의미다. 남의 고통을 외면하라는 이야기가 아니다. 나와 남 사이의 '순서'를 생각하라는 것이다.

> 지금까지는 자신을 미워하며 남을 위해 사는 삶을 두고 '비이기적'이라고, 그래서 '선한 것'이라고 분별없이 불러왔다.[7]

니체가 무엇을 경계했는지 이 문장에서 드러난다. 남을 위하는 삶이 아니라 자신을 미워하는 삶이 문제다. 그렇다면 남과 자신을 모두 위하면 되지 않느냐고 반문할 수 있다. 그러려면 순서를 바로잡아야 한다. **남을 먼저 생각하면 그 사람에게 휘둘리고 결국 그런 자신을 미워하게 된다고 니체는 생각한다.** 그런 삶은 원치 않는 희생을 동반하기 때문이다.

그렇다면 지고지순함을 대표하는 **사랑**은 어떤가?

이기주의와 정반대라고 여겨지는 고상한 사랑이 실은 격렬한 소유욕과 육체적인 사랑에서 유래되었음은 놀라운 사실이 아닐 수 없다.[8]

니체는 아무리 고결해 보이는 사랑도 속을 들여다보면 지극히 이기적인 감정이라고 보았다. 니체의 관점을 받아들여 사랑이 이기적인 감정임을 인정한다면 앞으로 누군가를 사랑할 때 자신을 희생하지 않을 수 있다. 혹여 상대가 나를 배신하더라도 상처받은 마음을 금세 회복할 수 있을 것이다. **미움**받거나 미워할 용기를 낼 수 있을 것이다.

사심 없어 보이는 행동도 속을 들여다보면 매우 사심 있는 행동이다. 그렇다면 사랑은 어떠한가? 뭐라고! 사랑에서 나온 행동

은 이기적이지 않다고? 바보 같은 이들! 희생하는 이에 대한 칭
찬도 어리석다. 진정으로 희생하는 자는 양보를 통해 더 많이 얻
을 수 있음을 알고 있다.[9]

니체는 이기심을 강조한 만큼 희생을 싫어했다. 그는 "우리
는 언제나 희생한다. 매일 얼마나 많은 희생을 하는지 계산해
보면 놀랄 것"[10]이라고 했다. 우리가 부지불식간에 남을 위해
산다는 뜻이다.

하지만 그는 모든 희생이 똑같지는 않다고 말한다. 주체적이
고 자발적으로 희생하는 사람은 자신의 이익을 기준으로 삼는
다. 평생 가난하고 병든 이들을 위해 헌신한 테레사 수녀의 삶
을 떠올려보자. 니체의 시각에서 그녀는 자신의 평안과 행복이
라는 이기적인 기준에서 그런 선택을 한 것이다.

니체의 이 말을 잘 곱씹어야 한다. 많은 부모는 자녀를 위해
희생하는 삶을 살고 있다. 나 또한 늦게 얻은 아들과 주말마다
각종 운동과 레저 활동을 함께하느라 개인 시간은 빼앗기고 몸
은 혹사당하고 있다. 하지만 이기주의의 기준에서 볼 때 그 시
간은 내가 가장 즐기는 시간이다. 그러니까 주말에 아이와 놀아
주는 행위는 아이를 위한 희생이 아니라 나를 위한 일이다. 이
렇게 자기중심의 관점을 견지할 때 우리는 과거의 일을 **후회**하
지 않을 수 있다. 이 방법을 적용했는데도 희생이라고 느껴진다

면 지금의 생활 패턴을 수정할 필요가 있다.

> 선과 악을 구분하는 근본적인 차이는 이기적이냐 비이기적이냐
> 가 아니다. 과거의 전통과 현재의 법에 매여 있는지, 아니면 그로
> 부터 자유로운지에 달려 있다.[11]

니체는 이기적인 사람을 악하다고 여기는 사회의 시선에 반
기를 들었다. 나아가 선과 악의 구분 자체를 거부했다. 나답게
살려면 '나쁘다'는 이야기를 들을 **용기**도 필요하다.

> 사람들은 노래 부르듯 "당신의 이기주의가 문제다"라고 설교해
> 왔다. 이것은 이기주의로부터 수많은 영혼, 유쾌함, 창의력, 아름
> 다움을 빼앗았다. 그리고 이기주의를 바보스럽게 왜곡하고 오염
> 시켰다.[12]

이기주의를 나쁜 것으로 착각하면 우리는 유쾌함, 즐거움,
쾌감과 같은 가벼움을 잃어버린다. 대신 타인의 시선에 맞추어
사회의 틀 안에서 살아야 한다는 무거움에 짓눌린 채 살게 된
다. 자신만의 고유한 아름다움과 창조력은 저하된다. 그저 순종
적이고 착한 사람에게서는 창의적인 작품이 나오기 어려운 이
유다. 이에 관한 이야기는 뒤의 **욕망** 편에서 다룰 것이다.

비개인적인 것을 강조하고 타인의 눈을 통해 본 것을 도덕적이라고 말하는 것은 잘못이다. 누군가가 '비개인적'이라는 말은 단지 그 사람이 약해졌음을 의미할 뿐이다.[13]

우리는 '내면이 단단한 자신'을 원한다. 니체의 관점에서 도덕적이고 이타적인 사람은 내면이 강한 사람이 될 수 없다. 이기주의에서 벗어나면 우리는 무기력해진다.

사람은 스스로의 유용함, 즉 자기 보존을 소홀히 하는 만큼 약해진다. 자기 보존을 추구하는 미덕은 유일하면서 가장 중요한 삶의 토대다.[14]

이 대목에서 니체는 자기 자신을 지키라고 강조한다. 사랑, 용서, 관용, 예의, 양보, 배려… 그 어떠한 덕목보다 **절망**으로부터 나를 지켜내는 일이 가장 중요한 삶의 토대라고 본다.

순진한 사람들에게 불쾌하게 들릴 수도 있지만 이기심은 고귀한 영혼의 본질이다. 비유하자면 밤하늘의 별을 보라. 모든 별은 이기주의자다.[15]

이 비유는 사뭇 다른 느낌을 준다. 모든 별은 자신의 길을 가며 자신이 빛날 수 있는 만큼 빛난다. 굳이 다른 별과 경쟁하지 않는다. 남보다 덜 빛난다고 불안해하지도 않고, 쓸데없이 약한 빛의 별을 동정하거나 그에게 자신의 빛을 양보하지도 않는다. 이것이 니체가 생각하는 이기적인 삶의 모습이다.

이 책을 집어 든 독자라면 힘에의 의지, 위버멘쉬(초인), 영원회귀, 아모르 파티(운명애) 등 니체의 사상을 대표하는 몇 가지 개념을 들어봤을 수 있다. '나도 니체처럼 열정적으로 살아야지' '나를 극복해야지' '내 운명을 사랑해야지'와 같은 다짐을 해봤을 수도 있다. 하지만 그런 다짐만으로 우리의 삶이 쉽게 변하던가?

니체는 머릿속에서 추상적으로 펼쳐지는 공허한 이야기는 우리에게 진정한 도움을 주지 못한다고 말했다. **니체의 사상을 실천하려면 머리가 아니라 마음으로, 이성이 아니라 감정으로 시선을 이동해야 한다.** 그가 말한 '힘'을 마음에서 느끼고 그것을 가로막는 장애물을 마음으로 극복해야 한다. 단단한 내가 되고자 한다면 자신의 마음을 삶의 중심으로 삼으려는 **의지**로 가득 찬 이기심을 가져야 한다.

이기심은 니체의 심리학에서 가장 핵심적인 키워드다. 그리고 방금 여러분은 이기심이 관통하는 **열 가지 감정**을 만났다. 어

떤 것은 평생 자신을 괴롭히는 숙제와 같은 감정일 수 있다. 니
니체의 심리학은 그 감정을 마주할 용기와 그것에 성숙하게 대
응할 지혜를 가르쳐준다. 다른 누군가나 무엇을 위한 것이 아
닌, 스스로를 가장 사랑하는 '별처럼 멋진 이기주의자'가 되는
길로 우리를 안내한다. 그런 태도로 살 수 있을 때 니체가 남긴
철학적 개념들과 여러 멋진 말들의 의미 또한 제대로 깨닫게
될 것이다. 이제 니체와 함께 열 번의 마음 수업을 시작해 보자.

들어가는 글

자기를 사랑하는 것은
계율이 아니다.
모든 것 가운데
가장 섬세하고 미묘하고
인내심을 요하는
궁극의 기술이다.

—『차라투스트라는 이렇게 말했다』

차례

운명적인 일, 필연적인 사건은 후회의 대상이 아니다.
나의 노력으로는 어찌할 수 없는 일이기 때문이다.
그런데 니체는 후회하지 않는 정도에 그치지 않고
그 운명을 사랑하라고 한다.
우리는 후회하지 않기를 넘어 과거를 사랑할 수 있을까?

첫 번째 마음 수업

후회

이기주의자는
자책하지 않는다

Nietzsche, the First
Psychologist: Live for No
One but Yourself

동료들과 저녁 식사 중 두 명이 직장 근처의 정신건강과에서 우연히 마주쳤다는 이야기를 들려주었다. 정신과에 방문한 이야기를 직접 듣기는 처음이어서 약간의 놀라움이 섞인 미소를 띠며 그런 일이 있었냐고 분위기를 추스르는데 또 다른 한 명이 조심스럽게 끼어들며 "사실 저도 요즘 정신과 약을 먹고 있어요"라고 하지 않는가. 함께 밥을 먹던 다섯 명 중 두 명이 소수로 전락하는 순간이었다. 정작 직장에서 상담이 필요해 보이는 사람은 따로 있었는데 아무렇지 않아 보이는 사람들이 상담을 받는 것 같아 쏠쏠함을 느껴야 했다.

심리상담에서는 먼저 질문을 통해 현재 마음 상태가 어떤지 확인한다. 그러고는 이내 과거 이야기로 넘어간다. 과거의 트라우마가 콤플렉스라는 현재 상태로 이어지기 때문이다. 이번 장에서 다룰 후회, 회한, 자책과 같은 감정은 대부분 우리가 과거를 대하는 방식, 태도와 관련이 있다. 정도의 차이만 있을 뿐 이런 상처가 전혀 없는 사람은 없다. 이제 후회의 감정을 극복하기 위해 니체라는 상담사를 만나러 가보자. 약물을 처방받지는 못하겠지만 그보다 더 근본적인 치유를 얻게 될지도 모른다.

지나온 과거를 극복하기

로빈 윌리엄스와 맷 데이먼이 출연한 〈굿 윌 헌팅〉(1997)은 무의식에 자리 잡은 자책감, 열등감 그리고 후회가 어떤 것인지 잘 보여주는 영화다. 윌리엄스의 오랜 팬이었던 나는 맷 데이먼이 학창 시절에 직접 각본을 썼다는 이 작품을 보기 위해 영화관으로 달려갔다. 명대사로 꼽히는 "It's not your fault(그건 네 잘못이 아니야)"의 의미를 살펴보면 이 감정들을 극복하는 데 도움이 될 것이다.

줄거리는 대략 이렇다. 윌 헌팅(맷 데이먼 분)은 천재의 두뇌를 갖고 있지만 어린 시절 아버지에게 학대받은 상처로 세상에 마음을 열지 못하며 반항적으로 살아간다. 우연히 MIT대학교의 수학과 교수가 학내 청소부로 일하던 윌의 재능을 알게 되고 그를 수학자로 키우려고 한다. 하지만 윌은 심리적인 문제와 폭력적인 성향에 부딪혀 좌절한다. 이에 교수는 윌을 심리학 교수인

숀(로빈 윌리엄스 분)에게 보내 정기적인 심리 치료를 받게 한다.

월은 숀을 만나면서 조금씩 긍정적으로 변해갔고 스카일라 라는 하버드대학교 학생과 연애도 시작한다. 하지만 그녀가 캘리포니아주로 떠나 함께 살자고 했을 때 월은 열등감을 주체하지 못하고 과민한 반응을 보인다. 월은 사랑을 고백하는 스카일라에게 결국 자신은 버림받을 거라며 화를 내버리고 그렇게 둘의 관계는 끝난다.

다시 찾아온 상담일에 숀을 찾은 월은 자신이 저지른 일을 털어놓는다. 월이 갖고 있던 회한과 자책감을 풀어주고 싶었던 숀은 그동안 축적한 월에 대한 심리 데이터와 보고서를 내팽개친다. 그러고는 월을 향해 반복해 말한다.

"It's not your fault. It's not your fault. It's not your fault….."

처음에는 뻔한 이야기라는 듯 시큰둥하다가 이내 화를 내던 월은 결국 숀에게 안겨 눈물을 흘린다. 월이 자책감에서 벗어나도록 이끈 것은 그에 관해 수집해 온 자료와 거창한 심리 이론이 아니라 이 짧은 문장 하나였다.

영화를 개략적으로 소개했으니 이제 이 대사에 대해 생각해 보자. 무엇이 월의 잘못이 아니라는 말인가? 가난과 가정폭력을 겪은 어린 시절은 윌의 잘못이 아니다. 물론 성인이 된 후 연인 스카일라에게 과민한 반응을 보인 건 윌의 잘못이라 할 수 있다. 하지만 그 행동 또한 불우한 과거 때문에 무의식에 형성된 콤플렉스가 작동한 결과라고 본다면 면죄부를 줄 수 있지 않을까? 이렇게 무의식의 세계를 분석해서 어떤 행동의 원인을 찾는 접근은 20세기 정신분석가인 프로이트의 방식이다.

한편 지나간 모든 일이 운명처럼 그렇게 예정되어 있었다고 받아들일 수도 있다. 그때로 다시 돌아간다 하더라도 자신에게 다른 선택지가 없다고 한다면 역시 자책감에서 벗어날 수 있지 않을까? 이는 17세기 철학자 스피노자의 방식이다. 이 역시 윌처럼 자책감에 빠진 사람을 돕는 심리 치료의 기제가 될 수 있다.

그런데 프로이트나 스피노자는 현재 일어난 일의 원인에 대해서는 이야기하지만 그 과거를 어떻게 극복하라는 이야기는 하지 않는다. 그에 비해 **니체는 '지나간 일에 대한 내면의 극복'에 초점을 둔다.**

사람들은 자책감이나 열등감으로 힘들어하는 친구에게 "지나간 일은 잊어. 미래만 바라보자"라는 식의 이야기를 한다. 니체도 그런 이야기를 하기는 한다. 그런데 결이 많이 다르다. 니체는 과거에 대한 회한에서 벗어나기 위한 망각이 아니라 지금의 변화와 발전을 위한 망각을 권한다. 즉, 생산적이고 창조적인 하루를 살아가기 위한 발판으로서 전략적으로 망각을 이용하라고 한다. 우리 두뇌의 용량과 역량에는 한계가 있고 지나간 과거 때문에 지금에 쏟을 정신력을 고갈할 필요는 없다. 니체의 철학은 그 진리를 꿰뚫은 듯 늘 지금을 겨냥한다.

만약 니체가 영화 속 월의 상담사였다면 '이제 아픈 과거는 잊자'는 식의 이야기는 하지 않았을 것이다. **그보다는 과거를 대면할 용기를 가지라고 말할 것이다.** 잊으려는 노력만으로 아픈 과거가 잊히지는 않기 때문이다. 그의 명언인 '아모르 파티(자신의 운명을 사랑하기)' 또한 나를 사랑하기로 결심했다고 해서 갑자기 선물처럼 주어지지 않는다. 그런 경지는 스스로를 괴롭히는 콤플렉스를 온전히 마주하고 후회라는 감정을 완전히 떨칠 때 경험할 수 있다.

니체도 월과 크게 다르지 않은 상처 많은 사람이었다. 그 또한 『차라투스트라는 이렇게 말했다』에서 과거 일에 대한 고통스러운 마음을 이렇게 묘사한다.

> 나의 과거가 무덤을 부수고 나올 때 산 채로 매장된 많은 고통이 깨어났다. 그것들은 그저 수의로 밀봉된 채 잠들어 있었을 뿐이다.[16]

니체가 고백한 대로 과거는 죽은 것처럼 보일 뿐 지금도 어딘가에 살아서 잠자고 있다. 설령 스스로는 잊었다고 여길지라도 무의식에 숨어서 우리를 괴롭힌다. 니체는 이런 과거의 목소리를 듣더라도 두려움에 떨거나 자책하지 않는 힘이 필요하다면서 이렇게 다짐한다.

> 나는 그대들(과거의 일들)의 무게가 언제나 두려웠다. 하지만 언젠가는 힘을 찾고 사자의 목소리로 너를 불러낼 것이다! 내가 이것을 극복하면 더 위대한 것도 극복할 수 있을 것이다. 이 승리가 나를 완전함으로 이끌 것이다.[17]

'승리'라는 표현에서 알 수 있듯이 과거를 극복하는 건 간단한 일이 아니고 하나의 투쟁이다. 과거와의 싸움에서 이기기 위해서는 피하거나 숨거나 외면할 게 아니라 야생의 사자처럼 눈을 부릅뜨고 맞닥뜨려야 한다고 니체는 외치고 있다.

〈굿 윌 헌팅〉에서 윌은 숀을 만나 위로를 받고 자책과 콤플렉스에서 벗어날 용기를 얻었다. 그 치유가 지속될 수 있으려면 윌은 니체가 말한 대로 과거와의 싸움에서 승리해야 한다. 물론 우리도 마찬가지다.

당신에게는 비난할 자기가 있는가

그렇다면 어떻게 과거를 마주하고 후회에서 벗어나는가? 니

첫 번째 마음 수업

체의 심리학이 힌트를 준다.

　단단한 복숭아와 물렁한 복숭아 중 어느 쪽을 좋아하는가? 강원도 여행 중 한 복숭아 가게 주인에게 물어보니 대부분의 손님이 단단한 것을 선호한다고 했다. 맛 때문인지 보관의 편리성 때문인지는 잘 모르겠지만 나는 둘 다 비슷비슷하게 좋아한다. 어쨌든 어느 복숭아를 먹어도 마지막에는 엄지손가락 크기의 딱딱한 씨가 남는다.

　복숭아를 사람에 비유해 보자. 우리는 나이를 먹으며 겉모습이 바뀌고 기질이나 취향 또한 변화를 겪는다. 하지만 내면을 펼쳐 보면 그 안에는 복숭아씨처럼 변하지 않는 나, 일명 자아가 있지 않을까?

　복숭아를 샀던 날 펜션에서 고기를 구워 먹었는데 마트에서 산 버섯과 양파도 함께 구웠다. 양파는 복숭아와 달리 칼로 가운데를 쓱 자를 수 있다. 안에 씨가 없기 때문인데 겉껍질부터 한 겹씩 벗겨나가면 마지막에는 아무것도 남지 않는다. 이 역시 사람에 빗대어 생각해 보자. 양파에는 우리가 자아라고 믿는 단단한 무언가가 없다.

이제 영화 속 윌을 복숭아 또는 양파라고 가정해 보자. 윌이 만약 복숭아라면 여자 친구 스카일라를 함부로 대한 스스로를 비난할 수 있다. 그의 내면에는 복숭아씨와 같이 변하지 않는 자아가 있고, 그 자아를 비난하면 된다. 하지만 윌이 만약 양파라면 껍질을 아무리 벗겨나가도 궁극적인 비난의 대상은 찾을 수 없다. 그냥 그런 일이 있었을 뿐이다. **다시 말해 자아라는 실체가 없다면 행동은 비난할 수 있지만 내면의 자신을 비난할 수는 없다.**

니체는 인간이 양파와 같은 존재라고 생각한다. 반면 대부분 사람은 내면에 복숭아씨와 같은 자아가 있다고 믿는다. 니체는 우리가 언어를 활용하는 습관 때문에 이런 믿음이 퍼졌다고 말한다. 아래 문장을 통해 확인하자.

나는 생각한다.

나는 행동한다.

대부분의 언어에는 주어와 동사가 있다. '나는(주어) 생각한다(동사)' '나는(주어) 행동한다(동사)'에서처럼 우리는 늘 이런 주어 동사 구조를 통해 말하고 표현하다 보니 '나'라는 존재의 실체가 있는 것처럼 '착각'하게 된다는 것이다. 그리고 바로 그 때문에 우리는 스스로에 대한 실망과 비난에서 벗어나기 어렵다는 분석이다. 실제로 영어, 중국어, 일본어, 한국어 모두 주어를 먼저 제시한다. 그리고 인간은 언어를 벗어나서 사유하기 어렵기 때문에 '나'의 실체를 굳게 믿게 된다.

그렇다면 궁금해진다. '나'가 허구라면 진실로 존재하는 것은 무엇일까? 다름 아닌 동사, 그러니까 '생각한다' '느낀다' '행동한다'이다. **자아를 지우면 감정·충동·생각·의지 같은 것들이 남는데, 이것들이 우리의 진짜다.** 실제로 우리의 감정과 생각을 모두 지우면 우리에게 남는 것은 신체밖에 없다. 바로 이런 관점 때문에 니체는 자아와 이성이 아니라 감정의 철학자이자 몸의 철학자가 될 수 있었고, 스스로를 '최초의 심리학자'라고 부를 수 있었다.

죄책감은 만들어진 전략이다

사람마다 운전하는 습관이 있겠지만 나는 가끔 범칙금 통지서를 받는 부류다. 다른 운전자와 경쟁하지 않는 느긋한 성격인데도 잠깐 다른 생각을 하다 보면 제한 속도를 위반한다든지 정지선을 살짝 넘어서 차를 세우는 경우가 있다. 언제까지 몇만 원을 내라는 범칙금 통지서를 손에 쥘 때면 자책감이 고개를 든다. 그럴 때면 '절대로, 두 번 다시는'과 같은 부사를 읊조리곤 하지만 비슷한 일을 겪어야 했다.

나는 그럴 때 스피노자와 니체를 떠올리며 자책감을 털어버리려고 한다. 스피노자에 따르면 나는 다시 그 상황으로 돌아가도 똑같이 행동했을 것이고, 니체에 따르면 내가 한심하게 생각할 대상, 즉 고정된 자아란 존재하지 않기 때문이다. 법규를 위반하려는 의도는 아니었으니 앞으로 더 조심하기로 하고 당장의 감정에서는 벗어나려는 것이다.

그런데 니체의 말대로 우리에게 자아가 없다면 곧바로 뒤따르는 질문이 있다. 결국 감정을 이렇게 저렇게 결정하고 좌지우지하는 내면의 컨트롤타워가 없다는 말이 아닌가? 감정은 그저 느껴지는 것이고 우리는 우리 앞에 놓인 문제에 대해 자유로운 결정을 할 수 없다는 말이 아닌가? 이처럼 자아의 문제는 자유의지의 문제로 이어진다. 자아의 실체를 부정하는 니체는 자유의지에 대해서도 이렇게 결론을 내렸다.

죄라는 개념은 자유의지라는 고문 기구와 함께 우리의 본능을

첫 번째 마음 수업

불신하게 하기 위해 고안되었다.[18]

자유의지 또한 누군가에 의해 만들어진 허상이라는 것이다. 니체는 그 주체로 다름 아닌 국가와 종교를 지목했다. 그렇다면 의도를 물어야 한다. 왜 그들은 자유의지라는 개념을 만들어냈을까?

자유의지 개념은 오랜 역사를 갖고 있다. 교회에 나가지 않는 사람이라도 『창세기』의 아담과 하와 이야기는 알고 있을 것이다. 하나님의 명령을 어기고 자신들의 '의지'로 선악과를 먹어 최초의 죄를 지었다는 이들의 이야기에서 교회가 인간의 자유의지를 믿고 있었음이 드러난다. 사람은 자유의지를 통해 선택을 내릴 수 있고 그러므로 잘못도 피해 갈 수 있는데, 이들은 사탄의 꾐에 넘어갔기 때문에 벌을 받아야 한다는 논리다. 자유의지가 있음에도 죄를 지은 인간은 벌을 받으며 자책과 후회에 빠지고, 의지의 나약함과 자아의 사악함에 스스로를 경멸하게 된다.

이처럼 자유의지를 믿을 때 우리는 더 많은 죄책감과 죄의식을 느끼게 된다. 니체는 바로 이 점에 주목하여 기존의 질서가 우리를 조종하고 구속할 요량으로 자유의지를 만들어냈다고 보았다. 니체뿐만 아니라 스피노자, 프로이트 등 근대 이후 많은 학자가 자유의지에 대한 오랜 믿음에 반기를 들었다.

하지만 자유의지를 믿으며 우리의 행동을 제약하고 구속하는 방식은 지금까지도 일상에 널리 퍼져 있다. 가족의 경우도 마찬가지다. 부모는 자녀를 사랑하는 마음으로 온갖 노력을 기울이고는 이렇게 이야기한다.

"내가 너를 위해서 얼마나 애썼는데 고작 그 정도밖에 못하니?"

우리는 이런 이야기를 들을 때 죄책감을 갖고 과거를 후회하게 된다. 부모의 반대 때문에 마음에 드는 사람과 결혼하지 못한다면 비슷한 심리 때문일 수 있다. 부모에게 죄인이 되고 싶지 않은 것이다. 물론 부모에게는 우리를 구속하거나 죄책감을 주려는 의도가 없었을 수 있다. 하지만 의도와 무관하게 그런 말과 행동은 죄책감을 일으키는 전략으로 작동한다.

사회에서는 힘을 가진 세력이 죄책감과 자책감을 이용하기도 한다. 예를 들어 그들은 가난을 대물림받은 사람에게 "네가 의지를 가지고 노력하지 않았기 때문에 지금 이렇게 사는 거야. 남 탓이나 사회 탓을 하지 마"라고 이야기한다. 표면적으로는 노력해서 현실을 타개하라는 훌륭한 말처럼 들린다. 하지만 이 말의 이면에는 죄책감을 일으키려는 전략이 숨어 있을 수도 있다. 이런 전략을 펴는 이유는 사회의 개혁과 변화를 가로막고 싶기 때문이다.

첫 번째 마음 수업

상대를 구속하기 위해 죄책감을 활용하는 방식

부모 ——➤ 자녀
"내가 너를 위해 얼마나 노력했는데 성적이 왜 그 정도밖에 안
되니?"
  ─➤ 나는 부모님을 실망시켰어.

직장 상사 ——➤ 부하 직원
"이런 일 하나 처리하지 못하다니, 당신이 제대로 할 줄 아는
게 뭡니까?"
  ─➤ 나는 무능한 존재야.

친구 ——➤ 친구
"그 나이 먹도록 아직 모아 놓은 돈이 그것밖에 없어?"
  ─➤ 나는 실패자야.

종교 ——➤ 신도
"당신은 신이 하지 말라고 명령한 계율을 어겼습니다."
  ─➤ 나는 죄인이야.

이 외에도 당신의 자아와 자유의지가 마땅히 존재하는 듯 전제하며 열등감이나 후회를 일으키는 사례가 도처에 널려 있다. 그런 감정을 일으키는 이유는 분명하다. 당신의 자유를 제약하고 당신이 순응하도록 만들기 위해서다.

사람들이 죄책감을 느끼게 되는 원리에 대한 니체의 분석은 오늘날 심리 치유나 자존감 회복 프로그램에서도 중요하게 활용되고 있다. 왜 콤플렉스에 빠지고 자존감이 낮아지는지 생각해 보자. 좋은 대학을 가야 한다는 욕망은 나 스스로가 아니라 사회가 심어준 것이다. 그런데도 나는 그 목표를 달성하지 못하면 나의 자아와 자유의지를 비난하고 부모에 대한 죄책감을 갖게 된다. 또한 돈을 벌고 싶은 마음은 누구에게나 있지만 부의 정도로 사람을 평가하는 잣대는 외부에서 온 것이다. 하지만 다른 사람의 잣대를 기준으로 나를 판단하고 거기에 못 미치는 스스로를 실패자라고 여긴다.

이제 니체를 만났다면 우리를 죄인으로, 우리의 인생을 열등한 것으로 만드는 외부의 구속과 강제에 저항해야 한다. 성과가 나오지 않은 것에 대해, 돈을 많이 모으지 못한 것에 대해, 더 노력하지 못한 것에 대해 반성할 수는 있지만, 나 스스로 외부의 기준을 따르며 자존감을 떨어뜨리고 콤플렉스에 빠질 이유는 없다. 니체는 언제 어디서나 우리가 자유로운 영혼이기를 바란다.

과거는 필연, 미래는 우연

자신을 사랑하고 싶다면 지나간 일에 대한 부정적인 감정에서 벗어날 수 있어야 한다. 니체는 이러한 태도를 위해서 운명을 이야기한다. 니체가 '자신의 운명을 사랑하라'고 말한 것은 잘 알려져 있다. 그렇다면 니체는 운명론자인가?

사주팔자에 관심 많은 이와 대화해 본 적이 있을 것이다. 갑자기 생년월일을 물으면서 휴대폰의 사주 앱에 정보를 입력한 다음 이러저러한 운명에 대해서 이야기하면 나도 모르게 귀가 솔깃해진다. 사주의 본뜻은 그게 아니라고 하지만 사주에 따라 다가올 미래가 정해져 있다고 맹신하는 사람이 있다.

이와 달리 니체는 지나간 과거를 운명으로 여기고 사랑하라고 했지 다가올 미래가 정해진 대로 흘러간다고 말하지는 않았다. 그러니 사주팔자를 맹신하는 사람처럼 정해진 운명을 믿어서는 니체가 말한 열린 미래로 나아갈 수 없다. 니체가 말하는 운명은 사주의 운명과 무엇이 다를까? 이렇게 정리할 수 있다. **과거는 운명(필연)으로 받아들이고 사랑하라. 그리고 현재와 미래는 우연을 사랑하면서 살아가라.**

혹자는 니체의 이런 태도를 이율배반적이라 여길 수 있다. 스피노자처럼 과거와 미래 모두 필연으로 받아들인다면 모를까, 어떻게 과거와 미래를 대하는 태도가 손바닥 뒤집듯 달라질 수 있느냐고 말이다. 이런 의문에 대해 니체는 지나간 일은 '해석'의 영역이라고 답했다.

> 현재의 가난을 당장 풍요로 바꿀 수 있는 묘안은 없다. 하지만 가난을 '필연으로 재해석'하면 가난은 더 이상 우리를 괴롭힐 수 없고 또 우리는 그 운명에 얼굴을 찌푸리지 않을 수 있다.[19]

예전에 사랑했던 인연을 떠올려보자. 우리는 그 혹은 그녀를 우연히 만났다. 하지만 해석하기에 따라 그 만남은 운명의 사건이기도 하다. **우연이 필연으로 변모하는 그 순간, 그 변모의 근거는 오직 우리의 해석이다.**

이런 니체의 태도를 잘 보여주는 소설이 2023년에 타계한 밀란 쿤데라의 『참을 수 없는 존재의 가벼움』이다. 이 소설에는 의사인 토마시와 호텔에서 일하는 테레자라는 남녀가 등장하는데 소설의 화자는 그 둘의 우연한 만남에 대해 다음과 같이 분석했다.

첫 번째 마음 수업

토마시와 테레자에게 찾아온 우연

우연1 7년 전 테레자가 살던 소도시의 병원에서 '우연히' 치료가 힘든 편도선 환자가 발생하자 토마시가 일하던 병원의 과장이 호출됐다.

우연2 그 과장은 '우연히' 찾아온 극심한 두통 때문에 토마시에게 대신 갈 것을 지시했다.

우연3 도시의 다섯 개 호텔 중 토마시는 '우연히' 테레자가 일하던 호텔에 투숙했다.

우연4 토마시는 일을 마치고 돌아가는 열차를 타기 전 '우연히' 시간이 남아 테레자가 근무하는 호텔 술집에 들어갔다.

우연5 '우연히' 그날이 테레자의 근무일이었다.

우연6 '우연히' 테레자가 토마시의 테이블을 담당했다.

토마시가 테레자를 만나기 위해서 여섯 가지 우연이 연속됐다는 분석이다. 이제 생각해 보자. 둘의 만남이 어떻게 느껴지는가? 우연으로 느껴지나, 운명으로 느껴지나? 우연과 운명의 사전적 의미는 전혀 다르지만 우리가 경험하는 세계에서 둘은 생각보다 멀리 있지 않다. 소설이라서 혹은 영화라서(이 소설은 〈프라하의 봄〉이라는 영화로도 만들어졌다) 가능한 우연이었을까? 그렇지 않다. 지금 당신이 함께 살거나 사귀고 있는 그 누구와의 만남도 이에 못지않게 우연적으로 이루어졌다.

　내가 지금의 아내를 만나게 된 건 정말 우연이었다. 동창이 한동안 제주도에서 생활하다 잠시 서울에 올라왔고 다시 내려가기 직전 내게 연락했는데 때마침 근처에 있었다. 간만에 만나 회포를 풀던 중 친구의 휴대폰이 울렸다. 상대는 그의 대학 시절 동아리 친구였는데 이러저런 통화 내용 가운데는 동아리 친구의 여동생이 일본에서 귀국한 지 얼마 안 되었다는 이야기도 있었다. 전화를 끊은 친구가 갑자기 내게 그녀를 한번 만나보지 않겠냐고 이야기했다. 실은 바로 전날에도 다른 소개팅 일정이 있었는데 야근을 하느라 만남이 무산된 상태였다. 이런 우연의 연속으로 나는 지금의 아내와 살고 있다.

　특별한 이야기가 아니다. 우리에겐 언제나 놀라운 우연이 찾아오고 모든 우연을 필연으로 받아들이는 건 해석의 영역이다. 위 소설에서 토마시는 여러 여자와 가벼운 연애를 일삼다가 테레자에게 운명적인 사랑의 감정을 느껴서 사귀었지만 영원한 사랑을 꿈꾸는 그녀가 부담스러워져서 헤어졌다. 이것도 운명이다. 하지만 결국에 토마시는 자신의 선택을 후회하고 의사라는 안정적인 직업까지 버리며 국경을 넘어 테레자를 찾아갔는데 이것도 운명이다.

이런 태도로 과거를 받아들이면 지난 일을 후회하지 않을 수 있다. **운명적인 사건, 필연적인 사건은 후회의 대상이 아니기 때문이다.** 말 그대로 나의 노력으로 어찌할 수 없는 일이었을 뿐이다.

그런데 니체는 후회하지 않는 정도에 그치지 말고 나아가 자신의 운명을 사랑하라고까지 한다. 우리는 후회하지 않기를 넘어 과거를 사랑할 수 있을까?

다른 자신을 원하지 말라

앞서 강원도 여행 중에 구입한 복숭아와 양파 이야기를 했으니 이번에는 다음 날 펜션에서의 아침 요리 이야기로 마무리하려 한다. 전날 바비큐를 하고 냉장고에 넣어두었던 남은 김치, 고기, 파, 양파, 버섯, 햄, 고추 등을 넣어서 찌개를 끓였다. 찌개의 묘미는 모든 재료를 활용할 수 있다는 점에 있다. 알뜰하고 훌륭한 요리사라면 음식을 버리지 않고도 적절히 간을 내어 맛있는 육수를 낼 수 있다. 끝으로 전자레인지에 햇반만 돌리면 훌륭한 한 끼 식사를 만들어낼 수 있다.

니체는 자신의 운명을 사랑하는 사람이 되기 위해서는 마음의 요리사가 되어야 한다고 말한다. 그러기 위해서는 먼저 살면서 경험한 파편 같은 우연들을 모을 수 있어야 한다. 설령 나를 아프게 하는 파편이라고 선택적으로 버려서는 곤란하다. 그런 태도로는 진정으로 자기를 사랑할 수 없기 때문이다.

그 모든 파편을 '마음'이라는 자신의 냄비에 넣어야 하고 무엇을 주재료로 삼고 무엇을 양념으로 삼든 멋진 결과물을 만들어내야 한다. 부드러운 햄의 맛과 코끝을 찌르는 고추나 마늘의 맛은 확연히 다르지만 그것들을 버무려 먹음직한 음식을 만들어내는 것이 요리사의 역량이다.

우리의 지나간 웃음과 눈물의 파편들도 그렇다. 그것을 어떻게 해석해서 사랑할 만한 운명으로 만들어낼지는 바로 과거를 대하는 우리의 역량에 달려 있다. 재료를 탓하지 말고 과거의 파편을 탓하지 말자. 자신에 대한 사랑은 스스로의 선택과 노력에 달려 있다. 니체도 스스로를 극복한 후 이렇게 고백했다.

나는 필연적인 것만 사랑할 것이다. 그렇다. 아모르 파티(운명에 대한 사랑)가 나의 마지막 사랑이다.[20]

자신이 남들보다 더 많은 시련을 겪었다고 여기는 사람이라면 이렇게 고백하기가 정말 쉽지 않을 것이다. 하지만 "나는 번개를 피하고 싶지 않다. 오히려 번개가 나를 위해 작동하도록 할 것이다"[21]라는 니체의 말처럼 시련을 피하지 말자. 시련마저 자신을 위해 활용하는 능동적인 태도를 갖자.

〈굿 윌 헌팅〉의 윌이 진정으로 자신을 사랑하기 위해서는 아픈 과거까지 성장과 활력을 위한 재료로 삼을 수 있어야 한다. 어린 시절 아버지에게서 받은 학대의 경험도 윌에게는 피하지 못한 하나의 운명이다. 그런 일이 없었다면 좋았겠지만, 그럼에도 니체는 "다른 자신을 원하지 말라"라고 요구한다.

아픈 과거는 그냥 잊어버리자는 말로는 해결할 수 없다. 영화 속 윌처럼 무의식에 머물며 자신을 괴롭힐 것이고 자칫 잘못하면 폭력적인 방식으로 트라우마를 표출하게 될 수도 있다. 그러니 어떤 트라우마가 자기 안에 잠자고 있더라도 그것을 재료로 삼아 요리할 수 있는 역량을 갖추어야 한다.

독자들 중에는 분명히 과거를 돌아보면서 굽이굽이마다 "그때 이런 선택을 했더라면…"이라고 뼈저린 후회를 하는 이들이 있을 것이다. 그러고는 이렇게 생각할지 모른다.

"어떻게 이런 나를 사랑할 수 있을까?"

하지만 자신을 정말 사랑하고 싶다면, 지금부터 니체의 조언대로 다른 자신을 원하지 말자.

니체의 '아모르 파티'를 특별한 깨달음을 얻은 소수만이 도 달하는 경지로 생각할 수 있다. 평범한 사람은 쉬이 도달하지 못한다고 여기는 것이다. 하지만 니체는 자신에 대한 사랑을 놓 치면 필연적으로 남에게 휘둘리는 삶을 살게 된다고 경고했다.

자기 자신을 미워하고 상처 주는 사람들은 어떻게 될까? 그들은 타인 속에 숨어서 타인을 위해 살면서 스스로를 회피하는 삶을 살게 된다.[22]

자신을 사랑하지 못하는 사람은 남을 부러워하거나, 남이 나 를 어떻게 볼지 염려하며 안절부절못하거나, 남들이 유튜브에 서 열심히 떠드는 것을 듣고 그대로 살아가게 된다. 아니면 종 교, 돈, 이상주의, 좌파, 우파 등 다른 것에서 삶의 의미를 찾으 려고 달려들게 된다. 자기 자신을 사랑하는 사람만이 홀로 서서 자기답게 살아갈 수 있다. 그리고 그 열쇠는 과거를 대하는 태 도에 달려 있음을 잊지 말아야 한다.

물론 내면의 감정과 심리만큼 다루기 어려운 것도 없다. 로 빈 윌리엄스도 결국 우울증으로 스스로 목숨을 끊었으니 말이 다. 나는 그의 작품에서 감동과 위로를 받아왔다. 〈죽은 시인의 사회〉(1990)에서 순수한 어린 영혼들의 꿈을 이끌던 키팅 선생 님, 〈사랑의 기적〉(1990)에서 식물인간인 환자를 깨우는 의사세이어, 그리고 월을 자책감에서 벗어나게 해준 숀 교수는 어디로 갔을까? 니체의 심리학은 말년에 파킨슨병으로 고통받았던 윌리엄스에게 어떤 조언을 줄 수 있었을까? 남은 아홉 번의 마음 수업을 통해 함께 발견해 보았으면 한다.

니체
처럼 ——— 후회를 극복하기

영화 〈굿 윌 헌팅〉에서 윌은 숀을 만나 위로받고 스스로를 괴롭혔던 콤플렉스에서 벗어날 용기를 얻었다. 하지만 그 위로와 용기가 일시적인 것으로 남지 않으려면 윌 또한 니체가 조언한 대로 과거의 파편을 요리해야 한다. 사자의 목소리로 과거를 불러낸 니체처럼 우리도 용감하게 과거를 불러내 보자.

- 지금 내 마음을 괴롭게 하는 과거의 사건이 있는가?

- 그 시절로 돌아가면 결코 같은 선택을 반복하지 않을 후회스러운 순간이 있는가?

- 가족이나 가까운 친구, 헤어진 연인에게서 지우기 힘든 상처를 받은 적이 있는가?

- 의식이나 무의식 가운데 나를 괴롭히는 것을 제압하지 못하고 있다면 그 이유는 무엇일까? 그것을 극복하기 위해 어떤 마음가짐이 필요한지 생각해 보자.

과거는 해석의 영역이다.
과거는 운명으로, 또 필연으로 해석하고
미래는 우연을 기다리며 살라.
그러면 자신의 삶을 사랑할 수 있다.

니체는 자유롭고 싶다면
무언가를 바라고 있어야 한다고 말한다.
'나는 누구인가'라는 질문에 대한 답 역시
스스로가 무엇을 바라고 있는지,
즉 자신의 욕망에서 찾았다.

욕망

무언가를 원하는 사람만이
삶을 예술로 만든다

Nietzsche, the First
Psychologist: Live for No
One but Yourself

내가 욕망하는 것이 곧 나다

바람이나 꿈이라는 말에는 희망적인 느낌이 있다. 반면 비슷한 의미인데도 욕망이라고 하면 부정적으로 느껴진다. 사회에 기여하고 싶은 마음은 꿈이라고 하지만 권력, 돈, 사치스러운 물건, 누군가의 육체를 탐하고 싶은 마음은 욕망이라고 표현한다. 꿈을 크게 가지라는 말은 해도 욕망을 크게 가지라는 말은 하지 않는다.

하지만 니체의 심리학에서 이런 구분은 의미가 없다. 무엇이든 바랄 수 있는 이기적인 힘을 향한 의지가 니체 사상의 핵심이다. '꿈'이라고 해서 마음에도 없는데 남을 돕는 일이라고 대답한다면 니체의 비난을 살 수도 있다. 니체는 욕망에 대해 이렇게 이야기했다.

사람은 궁극적으로 욕망의 대상이 아니라 욕망 그 자체를 사랑한다.[23]

욕망하던 자동차나 명품 백을 갖게 되었다고 해서 욕망 그 자체가 사라지지 않는다는 의미다. 니체 이후 욕망은 실존주의 철학을 관통하는 하나의 큰 줄기가 되었다. 대표적인 실존주의 작가인 알베르 카뮈는 시시포스의 신화에 주목하여 욕망을 인간의 숙명으로 이해했고, 실존주의 철학자인 사르트르는 찢기고 뜯기고 또 뜯겨야 비로소 땅으로 떨어지는 연에 인간의 욕망을 비유했다.

한편 불교나 스토아학파에서는 욕심을 버리라고 한다. 욕망을 불행의 씨앗이자 인생을 고통스럽게 만드는 원인으로 본다. 부처의 말이나 아우렐리우스의 『명상록』 같은 책을 읽으면 마음이 편해지는 이유는 일시적이나마 탐욕을 내려놓게 되기 때문이다.

하지만 욕망을 적극적으로 긍정하는 니체는 자유롭고 싶다면 무언가를 바라야 한다고 말한다. 니체는 '나는 누구인가'라는 실존주의적 질문에 대한 답 역시 스스로가 무엇을 바라고 있는지, 즉 욕망에서 찾았다.

"너 자신을 알라" 대신 다음을 따르라. "자신을 원하라, 그러면 하나의 자신이 될 것이다."[24]

"너 자신을 알라"는 아폴론 신전 기둥에 적혀 있는 문구로 소크라테스의 말로도 유명하다. 비슷하게 그리스의 시인 판다로스의 「델포이 찬가」에는 "자신이 누구인지 알고, 너 자신이 되어라"라는 구절이 있다. 니체는 대학 시절 그리스 철학자 디오게네스에 대한 에세이를 제출해서 상을 받은 적이 있는데, 에세이의 첫 문장으로 위 구절을 활용했다. 그러니 "자신을 원하라"는 니체가 그리스의 전통에 '욕망'을 접목해서 만들어낸 문장이다.

같은 연구실에 있는 내 동료가 홀로 여행을 떠나면서 '나를 찾아 떠나는 여행'이라고 취지를 밝혔다. 조용히 홀로 낯선 곳을 돌아다니면서 스스로에 대해 생각하고 자신이 누군지 알고 싶다는 것이다.

하지만 니체의 심리학에서는 내 안에 숨겨진 복숭아씨를 찾으려고 해도 그런 것이 없다. 그저 **나의 욕망, 의지, 내가 바라는 것, 어떤 존재가 되기를 바라는 나의 마음, 이런 것이 바로 나다.** 그러므로 니체에 따르면 '나는 누구인가'를 규명하고 싶었던 동료는 여행을 떠나 '나는 지금 무엇을 욕망하는지' 살펴보아야 했던 것이다.

허영심도 삶의 무기가 될 수 있는가

허영심은 욕망보다 더 부정적인 뉘앙스다. 허영심 하면 분수에 맞지 않은 가방을 들거나 자동차를 끄는 사람 모습이 떠오르면서 괜히 혀를 한번 차고 싶어진다. 니체는 우리의 그런 생각에도 반기를 든다.

허영심이 없다면 인간의 정신은 얼마나 빈약할까![25]

확실히 니체는 이전의 다른 철학자들과 다르다. 한마디로 도덕적이려 하지 않는다. 허영심은 인간의 천박하고 속물적인 근성을 비판하기 위해 주로 문학의 소재로 활용되어 왔지 철학의 주제로, 그것도 이렇게 긍정적인 관점에서 다뤄진 적이 없었다.

인간의 허영심을 다룬 단편소설로 기 드 모파상의 『목걸이』가 있다. 아름다운 외모의 마틸다는 호화로운 삶을 꿈꾸었지만 가난한 하급 공무원과 결혼해서 따분하고 재미없는 나날을 보내던 중 우연히 장관 부부가 주최하는 파티의 초청장을 받게 된다. 하지만 마틸다에게는 파티에서 자신을 과시할 장신구가 없었고 결국 부자 친구에게서 다이아몬드 목걸이를 빌려 자신의 외모를 한껏 과시한다. 새벽 4시에 집으로 돌아온 후 마지막으로 자신의 아름다움을 느껴보기 위해 거울을 본 순간 그녀는 목걸이를 잃어버렸음을 알아차린다. 허영심의 대가는 처절했다. 그녀는 똑같은 목걸이를 구하기 위해 전 재산을 처분하고 심지어 거액의 빚까지 지게 된다. 10년 만에 모든 빚을 청산한 어느 날 마틸다는 10년 전 목걸이를 빌려준 부자 친구를 만나게 되었는데 이제야 모든 걸 밝히겠다며 진실을 토로한다. 그러자 이야기를 들은 친구가 말한다.

"아이구 미안해라. 그때 것은 가짜였는데!"

모파상의 단편은 인간의 탐욕과 허영심이 어리석은 감정임을 유머러스하고 예리하게 짚어낸다. 하지만 니체의 입장은 다르다. 그는 심리학자가 아닌가. 니체는 마틸다가 자신을 치장해서 돋보이려 했던 욕망을 오히려 삶을 풍성하게 만드는 요인으로 본다.

그렇다면 왜 우리는 허영심을 나쁘게 볼까? 니체는 그 심리를 다음과 같이 분석했다.

> 다른 사람의 허영심이 우리의 기분을 상하게 하는 건, 그것이 우리의 허영심을 건드리기 때문이다.[26]

다른 사람의 허영심을 욕하는 까닭은 자신 또한 허영심이 가득하기 때문이라는 말이다. 인간은 자신의 허영심에 비례해서 다른 사람의 허영심에 반응한다. 그러니 다음을 기억하자. 허영심이 없다고 강조하는 사람일수록, 이를테면 돈에 욕심이 없다고 강조하는 사람일수록 허영심이 더 강하고 돈에 관심이 많다. 니체는 그 까닭을 이렇게 설명한다.

다만 니체가 긍정한 허영심을 니체가 바라는 삶의 모습으로 연결하려면 한 가지를 유의해야 한다. 허영심은 실제 이상으로 화려하게 보이려는 욕망으로, 남의 시선을 의식하는 감정이다. 이 또한 내가 바로 서기 위한 능동적인 감정으로 활용할 수 있어야 한다. **나답게 살아가는 홀로서기를 방해하지 않을 때만 허영심을 긍정할 수 있는 것이다.**

허영심이 어떻게 능동적인 감정이 될 수 있을지 세 친구의 예를 들어보겠다. 셋은 모두 대학교를 다니면서 외제차를 몰았다. 한 친구는 부유한 부모님을 두었기에 허영이라고 볼 수는 없지만, 다른 두 친구는 아르바이트로 용돈을 충당하고 있었기에 외산이든 국산이든 자기 차를 몰 형편은 아니었다.

허영심 있는 둘 중 한 명은 차를 위해 다른 것을 포기했다. 옷, 여행, 책, 노트북, 스마트폰 등의 소비를 줄이고 아르바이트로 번 돈으로 차 할부금을 갚아나갔다. 여자 친구를 만날 때도 차 안에서 햄버거를 먹으며 데이트 비용을 절감하는 식이었다. 이와 같은 불편에도 그는 젊은 나이에 외제차를 모는 것의 장점에 대해 자신만의 명확한 인식이 있었는데, 우리나라처럼 누가 무슨 차 타고 다니는지에 관심이 많은 곳에서는 자신을 과장할 필요도 있다고 생각한 것이다.

다른 한 명은 비슷한 처지였지만 차 이외의 소비에서도 허영심을 통제하지 못했기 때문에 그 생활을 지속할 수 없었다. 그는 일찍이 재정적인 문제가 발생했고 자신의 행동을 후회할 수밖에 없는 상태가 되어 한동안 고생했다. 통상 나쁘다고 하는 허영심이지만 두 사람의 허영심은 확실히 달라 보인다. 나의 홀로서기를 방해하지 않는 허영심만을 적절히 추구하는 것이 좋다.

삶이라는 작품 앞에 예술가가 되어라

니체에게 욕망은 확실히 남다른 의미다. 그는 욕망을 발견하고 적극적으로 구현해 내는 사람이 예술가라고 말하며 욕망을 예술과 연결 지었다. 고작 욕망을 좇을 뿐인데 예술가가 될 수 있다니 의아할 수 있다. 하지만 니체의 관점에서는 이상하지 않다. 니체는 예술의 본질인 '아름다움'이 우리가 욕망하는 곳에 있다고 생각했기 때문이다.

아름다움은 어디에 있는가? 내가 모든 의지를 가지고 갈망하지 않을 수 없는 곳에 있다.[28]

우리가 갈망하는 것을 생각해 보자. 사소한 커피 한 잔부터 스마트폰, 가방, 자동차 심지어 거주하는 동네와 대학, 직장…. 우리는 우리의 마음을 끄는 이 모든 대상을 우월하고 고귀한 것으로 여긴다. 니체가 볼 때 이것이 바로 미적 느낌이다.

사회의 시선을 덜 의식하는 아이들에게 아름다움은 어디에 있을까? 아이들에게 좋아하는 것을 그려보라고 하면 공룡이나 장난감, 연예인을 그리곤 한다. 아이들에게 아름다움은 피카소의 작품이 아니라 그런 것들에 있다. 사람에게는 모두 자신만의 세상이 있는 만큼 아름다움을 느끼는 대상도 각기 다르다.

그러니 예술가가 새로운 소재를 찾고 싶다면 먼저 자신이 무엇을 욕망하는지 알아야 한다. 내면 깊은 곳에서 솟아오르는 목소리를 들어야 한다. 그렇게 자신만이 느끼는 아름다움의 특징을 발견할 수 있어야만 개성과 창의성을 드러낼 수 있다.

일본의 소설가 무라카미 하루키는 창작의 소재를 발견하기 위한 노력을 다음과 같이 설명했다.

"작품을 쓸 때마다 일일이 새롭게 깊은 구멍을 파지 않으면 안 된다. 그러나 그런 생활을 오랜 세월에 걸쳐 해가는 동안, 새로운 수맥을 찾아내고 단단한 암반에 구멍을 뚫어나가는 일을 기술적으로나 체력적으로 효율성 있게 할 수 있게 된다."[29]

하루키는 꾸준히 다작하는 소설가로 유명하다. 그처럼 왕성한 창작 활동의 배경에는 땅속 수맥을 발견하는 것과 같이 자신의 내면을 깊이 탐색하는 과정이 있었던 것이다.

니체 또한 우리가 발견하지 못했을 뿐이지 아름다움의 소재, 즉 창작의 소재가 무궁무진하다고 말한다. 수많은 아름다움이 있다는 그의 말은 '수많은 종류의 인생길'이 있다는 뜻으로도 들린다. 오늘날 우리 사회의 많은 문제는 개개인의 욕망이 과다한 것이 아니라 다양하지 않다는 데 있다. 자신의 욕망을 발견하지 못하고 남의 욕망을 따라 사는 사람이 많은 것이다.

니체는 이러한 삶을 경계하며 우리 모두가 삶이라는 작품 앞에 예술가가 되기를 바랐다. 예술가가 자신의 욕망을 자신만의 작품으로 구현하는 것처럼 우리 또한 자신의 욕망을 자신만의 삶으로 창조해 내야 한다는 것이다. 니체는 창조적인 삶에 대해서 이렇게 말했다.

당신의 행복을 위해 이 세상은 당신의 이성, 당신의 모습, 당신의 의지, 당신의 사랑으로 창조되어야 한다.[30]

혹자는 이런 의문을 가질 수 있다. 세상은 하느님이 창조한 것이거나 아니면 그냥 내게 주어진 것이 아닌가? 그런데 세상을 자신만의 관점으로 창조하라니 무슨 말인가? 남들의 시선과 욕망에 맞추어서 수동적으로 살아온 이들에게는 부담스러운 요구가 아닐 수 없다.

하지만 니체에게 객관적인 세상이란 없다. 내가 어떤 프리즘으로 세상을 인식하느냐에 따라 세상의 색감과 분위기와 톤은 완전히 바뀔 수 있다. 마치 여러 사람이 똑같은 대상을 그린다 해도 똑같은 그림이 나오지 않는 것과 같다. 이는 의식과 무의식에 누적된 작가의 기억이 작품에 반영되기 때문인데, 결국 저마다 다른 경험과 기억이 작품의 독특함을 만들어낸다고 할 수 있다. 이 때문에 니체는 창조물이 객관적인 상이 아니라 '상상'의 결과물이라고도 했다.[31]

그러니 그저 자신의 욕망을 기준으로, 이기적으로 자신의 세상을 만들어가면 된다. **세상의 중심은 어느 곳에나 있으며 우리 각자도 세상의 중심이 될 수 있다.** 자신의 미감美感과 취향과 관점을 세상의 중심이라고 생각하면 내가 세상의 중심이 된다. 자신이 중심이 되어 세상을 바라보는 사람의 삶은 아름다움을 향해 계속 나아갈 힘을 얻을 것이다. 그것이 니체가 요구하는 예술가적인 삶이다.

그렇다면 어떻게 조금 더 쉽게 자신의 욕망을 발견하고 예술가처럼 살 수 있을까?

두 번째 마음 수업

몸의 소리를 들어라

니체는 이탈리아 피에몬테 지역의 음식을 최고라 평가했고 샤르퀴트리(돼지고기로 만든 프랑스식 가공육) 같은 햄과 소시지를 좋아했다고 한다. 커피는 마시지 않았고 대신 아침에 따뜻한 차를 즐겨 마셨다고 한다. 그의 문체에서 느껴지는 것처럼 아마 입맛도 까다롭지 않았을까 짐작만 해본다. 니체는 실제로 이렇게 말했다.

> 모든 음식에 만족하는 미감味感은 좋지 않다. '저는 이게 좋아요' '이건 싫어요'라고 말할 줄 아는, 고집 세고 까다로운 혀와 위장이 나는 좋다.[32]

니체의 선호와 달리 내 혀와 위는 그렇게 고집 세고 까다롭지 않다. 가리는 것이 거의 없고 앞에 놓인 음식들을 조금씩이라도 맛보려고 한다. 모든 음식은 다 나름의 맛이 있어서(쓴맛이나 떫은맛이라도) 그렇게 만들어졌다고 여기기 때문이다. 그런데 입맛이 까다롭든 아니든 니체는 자신의 미감을 세상의 중심으로 여기라고 조언한다.

중심으로 인정받는 것은 세상을 측정하는 기준이 된다. 이를테면 빅맥지수가 있다. 맥도날드 대표 메뉴인 빅맥의 가격을 비교해서 산출한 수치인데 이를 통해 각국 화폐의 가치를 비교한다. 세계 어디에서나 판매되는 빅맥이 하나의 기준으로 인정받은 사례다.

이처럼 무언가를 평가하려면 어떤 기준점이 있어야 하는데 미감 역시 그 기준점이 될 수 있다. 니체가 말했듯 "미감, 그것은 무게를 다는 저울"[33]이다. 그러니 비건 채식인으로 살든, 양고기나 소고기를 선호하든, 햄버거를 주문할 때 양배추나 양파를 빼달라고 하든 스스로의 혀가 음식에 대한 가치판단의 기준이 된다. 미감을 다른 감각으로 확장할 수도 있다. 예를 들어 자신이 독특한 성적 취향을 갖고 있다면 그 취향을 세상의 기준으로 삼으면 된다. 기준이 되었으니 이상하다고 평가절하할 필요도 없다.

니체는 먹는 것뿐 아니라 자는 것에 대해서도 이야기했다. 그는 숙면은 아무나 할 수 없는 탁월한 기술이라고 보았는데, 늘 두통과 불면에 시달렸기 때문에 특별히 강조하지 않았을까 싶다. 불면증에 시달리기 쉬운 현대인에게 공감을 살 만한 이야기다.

니체는 이처럼 먹는 것, 자는 것, 성적 취향 등 다양한 주제로 우리의 욕망을 이야기했다. 니체는 감정의 철학자였을 뿐 아니라 육체의 철학자였던 것이다. 그는 건강한 몸의 소리에 귀를 기울이라면서 다음과 같이 말했다.

"내가 그대의 본능을 죽이라고 권하는가? 아니다. 나는 그대가 본능에 순수할 것을 권한다."[34]

이렇게 니체는 우리의 몸이 받아들이는 원초적인 감각을 이성보다 더 중요하게 생각했다. 심지어 이렇게까지 이야기했다.

정신은 몸의 자그마한 도구이고 장난감일 뿐이다.[35]

이 말대로라면 몸은 정신이 통제해야 할 대상이 아니다. "나는 생각한다. 고로 존재한다"라고 말한 데카르트 이후 우리는 몸과 정신을 구분하는 데 익숙하다. 또한 소크라테스 이래로 철학의 역사에서 늘 정신은 육체보다 우위에 있었고 대부분의 종교 또한 그런 입장이었다. 그런데 정신이 몸의 장난감이라니! 현대의 뇌과학이 몸과 정신의 연결을 밝혀내기 한참 전이니 시대를 뛰어넘는 통찰이다.

자라나는 아이들을 보면 알 수 있다. 아이들은 태어난 직후 줄곧 본능에 따라 반응하다가 성장하는 과정에서 점차 이성적 사유의 비중을 늘린다. 하지만 외부의 자극은 어린이, 청소년, 어른 할 것 없이 모두 몸이라는 감각기관을 통해서만 받아들일 수 있다.

이 외부 자극 데이터들은 특정한 정서와 느낌을 유발하는데 우리의 사유 또한 이 정서와 느낌에서 촉발된다. 그래서 니체는 "위대한 정신도 한 줌의 경험에서 시작된다"[36]라고 했고 "사상은 감각의 그림자일 뿐이다"[37] 라고도 했다. 정신과 이성은 고매하거나 유별난 것이 아니라 오직 몸과 그 감각을 통해서 형성된다는 것이다.

그러니 잘 생각하고 싶다면 잘 먹어야 하고 잘 마시고 잘 자야 한다. 또 감각기관이 받아들이는 데이터에 주목하고 그것을 통해 느낀 바를 잘 간직해야 한다. 내면에서 우러나오는 원초적인 욕망, 즉 본능의 소리를 듣자. 몸의 감각기관이 자신에게 어떤 느낌을 전해주는지 세심하게 파악하자. 나를 온통 지배하는 것만 같은 정신이 실은 몸이라는 집합의 구성 요소일 뿐임을 받아들이자. 그렇게 자신의 욕망의 소리를 들을 때 예술가의 창조적인 삶에 한 발 더 가까워질 것이다.

누구도 선과 악을 알지 못한다

자신이 원하는 삶을 위해서는 욕망에 충실해야 하며 그러려면 몸과 감각기관에 주목할 수밖에 없음을 이야기했다. 그런데 본능과 욕망을 따르려 하니 마음에 걸리는 것이 있다. 바로 선과 악의 문제다. 욕망에만 충실하느라 악한 생각과 행동을 할 수도 있지 않을까?

먼저 예술의 관점에서 접근하려고 한다. 니체는 자신이 바라고 욕망하는 곳에 아름다움이 있다고 했다. 그렇다면 나쁜 것도 아름다울 수 있을까?

이 질문에 답하기 위해 19세기 철학자 키르케고르의 자전적 소설 『유혹자의 일기』를 살펴보자. 주인공 요하네스는 코델리아라는 여인을 짝사랑했다. 온갖 치밀하고 용의주도한 전략을 펼친 결과 그녀와 약혼에 성공하고 육체관계까지 맺는다. 하지만 그녀의 사랑을 얻은 직후 매몰차게 그녀를 버린다. 도대체 왜 그랬을까? 그는 자신의 일기에 이렇게 썼다.

"내가 코델리아를 사랑하는 것일까? 그렇다. 진심으로? 그렇다. 성실하게? 그렇다. 심미적인 의미에서 그렇다."[38]

연인을 배신해 놓고 '심미적으로는 사랑하고 있다'니 이건 무슨 헛소리인가? 요하네스도 '윤리적으로는' 자신이 나쁜 인간임을 알고 있을 것이다. 요하네스가 애당초 그녀를 버릴 심산이었는지, 혹은 그럴 의도는 아니었는데 정복 욕구를 달성하자 일종의 허무감을 느껴 도망가고 싶어졌는지는 알 수 없다. 아무튼 그는 그녀에 대한 사랑을 '아름다움'의 측면에서 정당화하고 있다.

상대에게 배신감을 주는 행동조차 아름다울 수 있다는 건 보통의 상식으로는 설명되지 않는다. 하지만 키르케고르의 설명은 니체의 관점과 상통하는 면이 있다.

니체는 옛날 그리스 사람들의 미의식에 주목했다. 도둑질하는 프로메테우스, 가축을 도살하는 아이아스에게서도 아름다움을 발견하고 예술로 표현한 바로 그 미의식이다. "심미주의자는 죄도 악도 고통도 잘못도 놓치지 않으려고 한다"[39]라는 니체의 이야기는 이런 토대 위에서 나왔으며 **아름다움을 발견할 때 좋거나 나쁘다는 전통적인 가치판단의 기준을 흩뜨려야 한다**는 생각은 자연스러운 귀결이었다. 니체는 도리어 그저 착하기만 한 사람은 창조력이 부족하다고 말한다.

착한 자들은 창조할 수 없다. 그들은 늘 종말의 시작일 뿐이다.[40]

예술가라면 아름다움을 발견하는 더 넓은 시야와 관점을 가져야 한다고 생각했던 것이다. 심지어 니체는 단순히 착하지 않아야 할 뿐 아니라 **창조를 위해서는 최고의 악이 필요하다고 주장했다.** 실제로 우리가 알고 있는 감동적인 서사에는 모두 악이 있다. 선한 사람이 계속 선할 때에는 흥미로운 스토리가 형성되지 않는다. 본래 착한 사람이 착한 행동을 하는 것보다 문제적 인물이 어쩌다 착한 행동을 할 때, 악인이 선한 사람으로 변할 때 우리는 더 큰 감동을 받는다.

예술성을 떠나 우리 스스로가 더 나은 사람으로 거듭나기 위해서도 악을 생각해야 한다. 대표적인 '성장소설'로 꼽히는 『데미안』의 1장 제목인 '두 세계'는 선과 악의 세계를 의미한다. 주인공 싱클레어는 따뜻한 가정이라는 선의 세계에서 살다가 학우들을 괴롭히는 동급생 크로머를 만나면서 고통받는다. 데미안의 도움으로 크로머의 괴롭힘에서 벗어나지만, 정작 데미안은 성경에서 동생을 살해한 악인 카인을 옹호하는 말로 싱클레어의 내면을 다시 한번 뒤흔든다. 이 소설에서 최고의 문장은 "새는 알에서 나오려고 투쟁한다"이다. 싱클레어의 알을 깨는 성장통은 악을 만나면서 시작되었다. 착한 사람의 변하지 않는 착한 성정만으로는 새로운 힘이 나오지 않는다.

이런 메시지를 삶에 받아들이기 위해서는 실천이 필요하다. 종이 한 장을 꺼내 가운데 금을 그어 내린 후 내가 선과 악이라고 생각하는 것들을 적어보자. 당신은 니체가 권장하는 키워드인 '이기심'을 악의 카테고리에 적었을 수도 있다. 그다음 내가 아는 이들 중 착한 사람과 악한 사람을 나열해 보자. 그리고 내가 꼽은 악한 사람 중 한 명이 나와 같은 작업을 한다면 나를 어느 카테고리에 넣었을지 생각해 보자. 악의 관점에 서서 한번 사유해 보자는 말이다.

이런 작업은 우리의 시야를 넓히고 내면을 역동적으로 만든다. 니체가 말한 '주기적으로 진리에서 벗어나 오류에서 휴식을 취하는' 과정이다. 니체는 진리가 자기 자리에서 벗어나려는 시도를 하지 않을 때 재미없고 시시하고 무력해진다고 경고했다.[41] 악에 대해서까지 사유의 지평을 넓히지 않으면 우리가 믿는 선 또한 그 힘을 상실한다는 이야기다.

지금까지 우리는 도덕적으로 좋다고 하는 곳에서만 아름다움을 찾는 것이 허용되었다. 이 때문에 우리는 아름다움을 거의 찾지 못했다. 실체도 없는 상상의 아름다움을 찾아 돌아다녀야 했던 것이다. 악한 사람은 착한 사람이 생각지도 못한 수많은 종류의 행복을 알고 있다. 마찬가지로 악한 사람들은 수많은 종류의 아름다움을 알고 있다. 그리고 아직 많은 것이 발견되지 못했다.[42]

이제 니체의 관점에서 다시 답해보자. 나쁜 것이 아름다울 수 있을까? 내가 나쁘다고 여기더라도 타인의 관점에서는 좋은 것일 수 있다. 심지어 모두가 나쁘다고 하는 것에 나는 이상하게 끌릴 수도 있다. 나쁜 것에서도 아름다움을 발견할 수 있다.

그렇다면 이런 궁금증이 들 수 있다. 니체처럼 악에도 아름다움이 있다는 이야기를 하다 보면, 코델리아를 버린 요하네스처럼 우리도 악하게 생각하고 행동하게 되지 않을까? 맞다. 독자들은 실망할 수도 있지만 니체 심리학에서 이 점은 부인할 수 없는 사실이다.

선과 악이 무엇인지 아무도 알지 못한다. 창조하는 자를 제외

하고.⁴³

니체는 심미적 영역뿐 아니라 일상의 도덕과 윤리에서도 선과 악의 기준을 믿지 않았다. 단순히 문학 작품의 소재를 발견하기 위해서였다면 이렇게까지 도발적일 필요는 없었을 것이다. 니체는 우리 인생에서 새로운 무언가를 창출할 '힘'이 필요하다고 봤다. 그 대상은 예술일 수도, 사업 아이디어와 같은 영역일 수도 있다. 어쨌든 기존의 경계를 넘어서는 더 넓은 시야와 관점이 있는 사람만이 새로움과 변화를 추구할 수 있다고 보았다.

그래서 니체의 사상에는 선을 실천하는 전통적인 윤리학이 존재하지 않는다. 그는 윤리보다 아름다움에 대해 이야기했다. 그가 우리에게 본능과 욕망에 충실한 삶을 주문한 까닭은 오직 아름다운 삶을 추구했기 때문이다. 생명력과 활력을 가지고 변화하는 역동적이고 창조적인 삶만이 그가 원한 삶이었다.

그러니 니체에게까지 선한 사람이 되기 위한 철학을 묻지는 말자. 연쇄살인범이나 강간범을 데리고 와서 당신의 철학은 이들의 행동을 제어할 수 없지 않냐고 비난하더라도 니체는 할 말이 없다. 하지만 오해해서는 안 된다. 선과 악의 경계를 극복하자는 니체의 이야기가 악한 사람으로 변모하라는 뜻은 아니다. 니체가 그런 이야기를 한 까닭은 단 하나, 우리의 창조적인 삶을 위해서다.

욕망이라는 감정에서 출발해 아름다움을 거쳐 예술가의 창조 행위까지 살펴봤다. 그렇다면 이제 삶을 바라보는 우리의 관점을 창조적으로 바꿔보자.

올림픽에서 경쟁하는 선수들의 모습, 이를테면 높이뛰기 경기를 본다고 상상해 보자. 풀쩍 뛰어오른 선수가 허리를 꺾어 장대를 넘어서는 장면이 눈 깜짝할 사이에 스쳐 지나간다. 움직임을 자세히 분석하고 싶다면 재방송이나 하이라이트 동영상을 통해 '멈춤' 버튼을 눌러야 한다. 하지만 라이브 중계에서는 불가능하다. 우리 삶도 마찬가지다. 나의 몸을 포함해 지금껏 경험한 세계는 내가 태어난 이래 단 한 번도 멈춘 적이 없다.

이 높이뛰기의 예는 프랑스 철학자 앙리 베르그송 또한 활용했다. 그는 높이뛰기 이야기를 통해 인간 이성과 지성의 능력이 과대 포장되었다는 점을 지적했다. **이성적인 사유를 하려면 대상은 정지해 있어야 한다.** 예를 들어 우리는 이성을 이용해 삼각형의 넓이를 계산하고 수학적 답을 내린다. 하지만 움직이지 않는 삼각형 같은 삶은 세상 어디에도 존재하지 않는다. 이성적인 분석만으로 삶의 진실을 포착할 수는 없다는 것이다.

소셜 미디어에 올라오는 수많은 사진이 삶의 진실을 얼마나 왜곡하는지 잘 알 것이다. 행복해 보이는 사진만으로 그 사람의 진짜를 볼 수 없는 이유는 시간의 흐름이 빠져 있기 때문이다. 그래서 **니체는 이성보다 감정을, 단절보다 변화와 지속의 흐름을 더 중요하게 생각했다.** 니체는 삶을 흐르는 강물에 비유했다.

변화는 무언가 바뀌는 것이고 생성은 무언가 만들어내는 것이다. 생명력을 강조한 니체의 관점에서 바뀌지 않거나 만들어내지 않는 삶은 거부되어야 한다. 또한 우리의 미래는 어디로 흘러갈지 예측할 수 없고 늘상 우연이 개입되어 계획대로 흘러갈 수 없다. 반면 장황하고 원대한 인생 계획은 삶을 정지시킨 후 머릿속 이성으로 세운 것이다. 삶의 진실이 아닐 가능성이 높다.

니체의 관점을 공유하는 베르그송은 저서 『창조적 진화』에서 우리의 삶을 예술에 빗대어 이야기했다. 그는 우리가 모두 화가와 같다고 하면서 화가 자신도 모델과 물감이 결정될 때까지 초상화가 어떻게 완성될지 알지 못한다고 했다. 어떤 작품이 나올지는 그려보아야 안다는 것이다. 그러고는 우리의 삶도 마찬가지라면서 삶의 순간순간이 창조물이라고 강조했다.[44]

그러니 변화와 생성의 삶을 살고 싶다면 계획을 세우되 우연의 여지를 남겨두어야 한다.

한편 기왕 변화할 거라면 누구나 발전적인 모습을 바랄 텐데, 문제는 우리가 가진 습관이나 단점이 쉽게 바뀌지 않는다는 점이다. 그럴 때는 어떻게 해야 할까?

니체는 '금지 목록'을 만들어 스스로를 옥죄는 방식은 권하지 않는다. 예를 들어 금연을 결심한 사람은 무슨 일이 있어도 담배를 피우지 않겠다고 다짐한다. 정크푸드를 자주 먹는 사람은 내일부터 절대 햄버거나 피자를 먹지 않겠다고 다짐한다. 하지만 그런 다짐을 지키지 못하고 다시 담배나 햄버거에 손을 댈 때면 '나는 왜 이렇게 끈기가 없을까' 하며 스스로에게 실망하고 자신을 미워하게 된다.

이에 대해 니체는 "행동하는 것이 행동하지 않는 것을 결정해야 한다"[45]라고 조언한다. 즉, '하지 말아야 할 일 목록'이 아니라 '할 일 목록'을 만듦으로써 변화를 꾀하라는 뜻이다.

이를테면 '담배가 생각날 때에는 짧게라도 달리기를 한다'는 원칙을, '정크 푸드가 생각날 때는 내가 좋아하는 감자를 삶아 먹는다'는 원칙을 세우는 것이다. 이러면 달리기를 하지 못하거나 감자를 먹지 못하더라도 실망하거나 체념하지 않고 '다음에는 꼭 해야지'라며 새롭게 의지를 다질 수 있다. 부정적인 면에 주목하기보다는 발전적인 의지를 가지는 것이다. 기존의 욕망을 꺾기 위해서는 더 큰 욕망을 추가해야 한다는 이 원칙은 다분히 욕망의 철학자가 취할 법한 접근법이다.

그래도 단점이 고쳐지지 않는다면, 니체는 **스스로의 단점을 책망하고 힘들어하기보다 그것을 적극적으로 활용**하라고 조언

두 번째 마음 수업

한다.

그는 여러 거장의 음악을 예로 들면서 그들의 단점이 음악으로 승화되었다고 말한다. 이를테면 니체는 베토벤의 음악에서 거칠고 완고하고 초조한 음색을 느꼈다. 바그너의 음악에서는 집요하게 밀려오는 불안감을 느꼈다. 물론 베토벤과 바그너는 초조함과 불안감을 숨기고 싶었을지도 모른다. 하지만 니체는 그들의 약점이 청중에게 더 깊은 감동과 놀라움을 선사하는 극적인 음악을 만들어냈다고 보았다. 니체는 우리에게 다음과 같이 조언한다.

약점을 예술가처럼 처리하라. 약점이 피할 수 없는 것이라면, 그것들을 하나의 법칙으로 인정해야만 한다면 모두가 자신의 약점을 활용해 장점을 드러내는 예술가적 역량을 갖기를 바란다.[46]

누구나 스스로 부족하다고 여기는 부분, 싫어하는 모습이 있을 것이다. 소심함, 예민함, 우유부단함. **니체는 그 어떤 것도 억지로 없애라고 하지 않는다. 오히려 그로부터 새로운 변화를 시작할 수 있다고 본다.** 가진 것을 완전히 없애기란 불가능에 가까우니 훨씬 현실적이면서 희망적인 접근이다. 스스로 결함이라 여겼던 것에서부터 삶이라는 예술을 꽃피우기를, 비로소 자신의 욕망에서 자신다움을 찾기를 바란다. 그 길에서 니체의 심리학이 도움이 된다면 더할 나위 없을 것이다.

니체
처럼 ——— 욕망하기

나의 욕망, 의지, 어떤 존재가 되기를 바라는 마음. 니체는 이런 것들이 바로 나 자신이라고 했다. 자기 자신으로 살아가길 원하는 사람이라면 지금 내가 바라는 것이 무엇인지 살펴봐야 한다. 또한 니체는 착하기만 한 사람은 창조력이 부족하다고 보았다. 우리도 니체처럼 선과 악의 경계를 넘나들며 자기 욕망을 들여다보자.

- **지금의 나는 누구인가? 현재의 '상태'와 미래의 '욕망'을 중심으로 생각해 보자.**
  예시:
  (상태) 발라드와 재즈를 좋아한다, 냉면을 좋아한다, 테니스를 즐겨 친다.
  (욕망) 영어를 좀 더 유창하게 구사하는 사람이 되고 싶다, 외국에서 한 달 살기를 하고 싶다.

- **평소 아름답다고 생각한 것을 세 가지 이상 적어보자.**

- **평소 악하다, 나쁘다고 생각하는 것 중에서 아름답다고 표현할 수 있는 것 세 가지를 적어보자.** (답하기 어렵다면 자신이 욕망하는 것들 중 통상 사회에서 나쁘다고 여기는 것들을 적어보자.)

욕망은 창조적인 삶을 위한 원천이니
억압하지 말고 있는 그대로 긍정하라.
선과 악의 경계를 넘어서 사유할 때
새로운 나를 만날 수 있다.

니체는
디오니소스, 카이사르, 바그너, 나폴레옹 등을 칭송했다.
니체의 눈에 그들은
'자신의 에고를 위해 온 힘을 다해 싸웠고
다른 사람의 고통에
동정심을 느끼지 않으려고 노력한 인물'로
보였을 것이다.

동정

남을 생각하기 전에
자신을 먼저 생각하라

Nietzsche, the First
Psychologist: Live for No
One but Yourself

당신의 자녀와 친구들을 차에 태우고 여행을 가고 있다고 상상해 보자. 뒷좌석에 앉은 한 아이가 멀미가 난다고 하더니, 창문을 잠시 열어달라고 했고, 그다음 비닐을 찾았고, 얼마 있지 않아 죄송하다는 말과 함께 어떤 일이 벌어졌다. 아주 짧은 찰나에 벌어진 일이라 손을 쓸 수 없었고 그 차는 뽑은 지 얼마 안 된 신차였다.

친절하고 배려심 있는 부모라면 이렇게 대응할 것이다. 연신 죄송하다고 말하는 아이에게 오히려 속이 괜찮은지 묻고, "아저씨도 어렸을 때 멀미가 심했단다"라는 거짓 섞인 이야기로 도리어 아이를 위로하고, 나중에 소식을 전해 듣고 울고 있는 이모티콘이 나열된 메시지를 보내는 아이의 부모에게도 "아무런 문제가 없다"는, '아무런'이 강조된 응답을 할 것이다.

우리는 왜 이런 호의를 베풀까? 배려라는 미덕 때문일까? 니체 이전의 거의 모든 철학과 종교의 윤리학에서는 미덕을 강조하고 감정을 무시했다. 감정은 종잡을 수 없는 변덕꾸러기이자 더 높은 차원의 이성으로 통제해야 할 골치덩어리였다. 서양은 물론 동아시아에서도 별반 다르지 않았기에 우리 역시 어릴 적부터 미덕이 중요하다고 배웠다.

하지만 니체는 달랐다. **그는 덕이 아닌 뿌듯함에 주목하라고 조언한다.** 심지어 도덕은 우리를 위선으로 흐르게 만든다고 말한다. 앞선 상황과 반대로 이번에는 내 아이가 누군가의 차에 구토를 했다고 생각해 보자. 운전을 하던 부모에게서 불편한 전화가 오고, 나는 연신 죄송하다는 말과 함께 세차비를 줘야 했다. 그럼에도 그 부모들은 내 아이의 차량 탑승을 기피하기 시작했고 아이는 상처받았다. 이제 나는 어떤 마음이 될까? 높은 확률로 억울할 것이다. 나는 같은 상황에서 다른 아이를 위로했는데 남들은 나와 우리 아이를 냉대하니 다시는 내 차에 다른 아이를 태우지 않겠다고 다짐할 수도 있다.

하지만 니체의 심리학을 이해한 사람이라면 이런 행동을 하지 않을 것이다. 왜냐하면 니체는 남을 위해서가 아니라 나의 만족을 위해서 그 행동을 하라고 말하기 때문이다. 타인이 아니라 오직 자기 자신의 만족을 위한 배려였다면, 남에게 배려를 돌려받지 못했다고 한들 그 배려를 멈출 이유가 없는 것이다.

세 번째 마음 수업

이제 배려심을 동정심으로 확장해서 살펴보기 전, 아주 간단한 질문 하나. 아이가 물에 빠져 허우적대고 있다. 당신의 선택은? 물으나 마나 한 질문으로, 당연히 아이를 구해야 한다. 그렇다면 그 이유를 어떻게 설명할 수 있을까?

2300년 전 맹자는 인간이라면 누구나 선한 본성을 가지며 남을 측은히 여기는 마음, 즉 동정심을 타고난다고 설명했다. 따라서 평소에는 아무리 파렴치하고 비열한 사람이라 하더라도 물에 빠진 아이를 보면 본능적으로 구해야 한다는 생각을 하게 된다.

흥미롭게도 19세기의 니체 역시 물에 빠진 사람을 예로 들었다. 그런데 사람은 누구나 물에 빠진 사람을 돕는다고 말하면서도 그 원인을 맹자와 전혀 다르게 분석한다.

사람들은 물에 빠진 사람을 도우려는 까닭이 동정 때문이라고 말한다. 과연 그럴까? 남을 도우려는 이유는 다른 사람의 불행이 우리를 불편하게 만들기 때문이다. 그의 고통을 내버려 둘 때 우리는 스스로를 무력한 겁쟁이라고 느낀다.[47]

즉, 물에 빠진 아이를 구하는 까닭은 그 아이를 위해서가 아니라 나의 감정을 위해서다. **우리는 착하기 때문에 남을 돕는 게 아니라 이기적이기 때문에 돕는다.** 스스로를 겁쟁이라고 느끼지 않기 위해 혹은 남에게 겁쟁이라는 이야기를 듣고 굴욕감을 느끼지 않기 위해 남을 돕는다.

니체는 이 관점에서 예수를 '위대한 이기주의자'라고 평했다. 인류의 구원을 위해 스스로를 희생했지만 인류를 구원해서 가장 행복한 이도 예수라는 관점이다. 윤동주 시인도 「십자가」라는 시를 통해 비슷한 관점을 보여줬다.

"괴로웠던 사나이, / 행복한 예수 그리스도에게 / 처럼."

이런 니체의 가르침을 좇을 때 우리는 사회에 공헌하면서도 최종적으로는 자신을 위해 살 수 있다.

그렇다면 남을 위한 대표적인 행동인 봉사는 어떤가? 봉사는 개인의 훌륭함을 증명하는 행동으로 여겨진다. 중고등학교에서는 생활기록부를 통해 봉사활동을 장려하고, 대학교에서도 교직을 이수하려면 봉사 시간을 갖춰야 하며, 취업을 하려 해도 당신이 지속 가능한 사회를 위해 어떤 기여를 하고 있는지 증명하라고 한다. 면접장에 들어온 이들이 봉사를 실천해 온 이야기를 듣다 보면 다가올 세상은 더없이 아름다울 것만 같다.

그러나 잘 아는 것처럼 현실은 다르다. 가벼운 자동차 접촉 사고에도 봉사 시간으로 축적된 줄 알았던 인간성은 쉽게 바닥을 드러내고 만다. 대체 왜 이런 위선이 빚어질까? 사회가 요구하는 입시 혹은 취업을 위해 봉사하는 시간을 보냈지만 정작 '봉사란 무엇인가'에 대해 깊이 생각해 보지 못해서다.

니체식으로 사고하면 상황은 달라진다. 니체는 희생자가 되는 삶을 극도로 경계했다. 우울한 마음으로 봉사를 지속하면 봉사에 대한 불만과 후회감만 쌓이고 결국 자신은 희생자로 전락하고 만다. 그런 봉사는 그쳐야 하며, 오직 내가 즐거운 봉사만 지속해야 한다.

니체처럼 살아가고 싶다면 자기 자신을 중심으로 사고하고 말해야 한다. 방법은 그리 어렵지 않다. **말을 할 때 '즐거움' '뿌듯함'과 같은 유쾌한 감정을 넣는 습관을 들이면 된다. 이때 남의 이야기는 가급적 하지 않아야 한다.**

기존의 통념과 니체식 사고의 차이

부모

저는 부모이기 때문에 자녀를 위해 희생해야 합니다.

→ 제가 자녀를 위해 돈과 시간을 들이는 건 자녀의 성장을 지켜보는 과정이 즐겁기 때문입니다.

동정

봉사자

저는 장애가 있는 친구들을 돕기 위해 매주 한 번씩 봉사합니다.

→ 제가 봉사활동을 하는 까닭은 그 일을 통해 **뿌듯함을 얻기** **위해서입니다.**

수석 합격자

제 직업을 통해 힘든 사람을 돕고 사회에 기여하고 싶습니다.

→ 그 일이 제게는 가장 보람된 일이라 생각됩니다. 저는 제가 가장 즐거울 수 있는 일을 하고 싶습니다.

니체가 그토록 동정심을 싫어한 이유

맹자가 그랬던 것처럼 니체 이전까지 대부분의 철학자와 종교인은 선한 사람이 되기 위한 조건으로 동정심과 측은지심을 강조했다. 그래서 더 반감이 심해졌을까? 니체의 저술 어떤 것을 펼쳐도 동정심을 비판하는 대목이 나오는데, 강박에 가까울 정도로 강한 혐오감을 드러낸다.

니체는 동정심이라곤 찾아볼 수 없는 냉혈한이었던 걸까? **본래 그런 성정의 사람이라면 평생에 걸친 글쓰기에서 줄곧 동정을 중요한 테마로 다루었을 리 없다.** 니체가 말년에 거리에서 채

찍질로 학대당하는 말을 부둥켜안고 울었다는 일화는 그가 상당한 동정심의 소유자임을 보여준다.

니체의 복잡한 사정을 이해하기 위해 그의 유년 시절을 들여다보자. 니체는 목사 아버지의 아들로 태어나 기독교의 가르침을 받으며 성장했고 대학에서도 신학을 공부했다. 하지만 후에 중도 포기했고 이 과정에서 어머니와 극심한 갈등을 겪었다. 온 가족의 지지를 받던 일을 그만둘 정도였으니 신앙에 대한 내적 갈등이 얼마나 깊었을지 짐작할 수 있다. 그가 남긴 유명한 명제 "신은 죽었다"는 치열한 형이상학적 분석 끝에 도달한 결론이 아니다(그는 형이상학과 그것을 통한 철학의 체계를 '신기루'라고 했다). 니체는 당대의 종교가 사후세계를 인질 삼아 타인을 동정할 것을 강요한다고 보았고, 이러한 인질 전략에 강한 반감을 가졌다. **니체는 동정심을 가지고 착한 사람이 되라는 종교의 가르침이, 오히려 인간이 홀로 자신의 길을 가는 데 큰 방해가 된다고 보았다.**

니체의 저술 중 『인간적인 너무나 인간적인』이란 책이 있다. 여기서 '인간적인'이란 '신적이지 않은'이라는 의미이기도 한데, 니체가 종교의 가르침을 염두에 두고 만들어낸 표현이다. 실제로 기독교에는 평균의 인간성을 고려하지 않은 가르침들이 있다. 대표적으로 "네 이웃을 내 몸과 같이 사랑하라" "원수를 사랑하라" "누가 네 뺨을 때리면 다른 쪽 뺨을 내밀어라" 등이다. **니체는 이런 가르침을 비인간적이라고 보았고 본인은 신적인 길에서 벗어나 인간적인 길을 가겠다고 선언한 것이다.**

신적인 길과 인간적인 길의 차이를 이해하기 위해 잠시 기독교의 가르침과 공자의 가르침을 비교해 보자. 공자 역시 궁극적으로 착한 사람이 되고 이웃을 사랑하라고 설파했다. 하지만 공자는 예수와 달리 신이 아니어서인지 사랑의 방식을 다르게 이야기한다. 공자는 측은지심을 강조했지만 자신을 사랑하는 만큼 옆집 사람을 사랑할 수는 없다고 생각했다. 만약 자신보다 이웃을 사랑하는 사람이 있다면, 이는 모자람과 넘침을 경계하는 중용의 원칙에 부합하지 않으므로 훌륭한 태도라 할 수 없다.

원수를 사랑하라는 말 역시 공자에게는 어색하다. 물론 공자가 누군가 당신의 뺨을 때릴 때 당신도 그 사람의 뺨을 때리라고 가르치지는 않는다. 하지만 적어도 그런 사람이라면 미워해도 된다고 가르친다. 다시 말해 공자는 모든 사람을 사랑할 게 아니라 '좋아할 만한 사람을 좋아하고 미워할 만한 사람을 미워하라'고 가르친다. 신이 아닌 인간 공자가 추구한 인간다움의 성격을 엿볼 수 있다.

이와 같은 배경지식이 있으면 니체의 진의를 오해하지 않고 그가 왜 그토록 동정심을 싫어했는지 이해할 수 있다. 이처럼 니체의 글을 읽을 때는 그가 어떤 심리 상태에서 그런 글을 쓰게 됐는지를 감안하고 독해할 필요가 있다. 그렇지 않고 무작정 니체를 좇을 경우 우리는 니체와 달리 강아지(요즘은 길에서 말을 볼 일이 없다)가 채찍으로 학대당하는 장면을 보고도 아무런 감정 없이 지나치는 사람이 될지 모른다.

동정심의 세 가지 함정

이제 니체가 동정심을 비판한 몇 가지 심리적 이유를 살펴보겠다.

첫째, 동정은 동정을 받는 사람에게 오만함의 표시가 되기 때문이다.

신의 동정이든 인간의 동정이든 동정은 겸손하지 않다. 돕겠다고 나서는 덕보다 돕지 않으려는 태도가 더 나을지도 모른다.[48]

동정심을 보이는 것은 상대에게 경멸의 표시가 될 수도 있다. 왜냐하면 동정받는 사람은 당신에게 결코 두려움의 대상이 될 수 없기 때문이다.[49]

니체의 말대로 우리는 나보다 나은 사람을 동정하지 않는다.

동정은 내가 그 사람보다 우월하거나 그 사람이 나보다 열등하다고 느낄 때 발현되는 감정이다. 그래서 우리는 때로 동정받고 싶어 하지만 때로 어떻게든 동정을 피하려고 한다. 그것이 자신을 더 비참하게 만들기 때문이다.

우리 사회에는 전교 1등 학생이라면 적성이나 꿈이 무엇이든 의대를 진학하는 게 당연하다는 인식이 퍼져 있다. 이런 인식이 지속되면 의사들은 '다른 사람은 의사가 못 됐기 때문에 다른 일을 하고 있다'고 착각할 수 있다. 그런 우월감은 누군가를 동정하기에 좋은 정서다. 그래서인지 의사를 꿈꾸는 청소년들은 유독 "어려운 사람을 도와주고 싶다"라는 이야기를 많이 하는데, 의사는 적정한 돈을 받고 그에 맞는 의료서비스를 제공하는 사람이지 불쌍한 사람을 도와주는 사람이 아니다(누구라도 결단하면 어려운 사람을 도울 수 있다). 동정심은 우월감을 동반하기에 그 표시에 각별히 유의해야 한다.

둘째, 동정심은 상대에게 실질적인 도움을 주지 못할 가능성이 크다. 왜냐하면 니체의 말대로 우리는 상대가 처한 어려움을 제대로 이해하기 어렵기 때문이다.

동정심은 무례하다. 왜냐하면 남에게 도움을 주고 싶어 하는 그 심리는 타인의 병의 원인에 대해 깊이 고민하지 않고 제멋대로 잘못된 처방을 제공하기 때문이다.[50]

세 번째 마음 수업

우리는 누구도 다른 사람의 입장을 완전히 이해할 수 없다. 화장실 갈 때를 생각해 보자. 급해서 안절부절못하며 기다릴 때와 물 내리고 나올 때는 불과 5분의 차이지만 우리는 완벽하게 다른 사람처럼 행동한다. 5분 전 자신의 처지도 잊는 우리가 다른 사람의 처지를 100퍼센트 이해할 수 있을까? 모든 동정심은 어설픈 동정심이 될 수밖에 없고 그에 따른 도움도 어설퍼지기 쉽다. 누군가 곤란해 보이더라도 한두 번 물어봐서 괜찮다고 하면 관심을 거두는 게 올바른 태도다.

셋째, 자신의 감정을 해소하기 위한 동정심은 더욱 위선적이기 때문이다.

동정은 자부심이 없고 뭔가 해낼 것도 없는 사람들에게는 유쾌한 감정이다. 그들은 스스로의 즐거움을 위해 고통받는 이들을 손쉽게 발견한다.[51]

다른 사람에 대해 쓸데없이 관심을 기울이고 동정심을 느끼며 우울해하는 사람들이 있다. 이런 유의 동정은 병일 뿐이다.[52]

깊이 있는 분석일수록 우리의 위선을 아프게 찌른다. 무능하고 무력한 사람들이 자기만족을 위해 주변으로 눈을 돌려 동정심을 활용한다는 설명이다.

심지어 니체는 동정을 '매춘부의 덕'이라고까지 말했다. 매춘부가 돈을 지불하는 상대에게 자신이 가진 것을 파는 것처럼 남을 동정하는 사람은 값싼 만족감을 얻고자 동정심을 준다는 이야기다. 니체가 동정심을 얼마나 혐오했는지를 알 수 있는 대목이지만, 만약 그가 살아 있었다면 우리 사회의 적지 않은 봉사자들에게 명예훼손으로 고소당했을지도 모르겠다.

이처럼 니체는 여러 저서를 통해 동정심을 거부했다. 하지만 그가 정말로 전하고 싶었던 메시지는 동정심에 관한 것이 아니다. **그의 시선은 시종일관 한곳을 향했다. 바로 스스로 굳건하고 단단하게 서 있는 사람의 모습이다.** 늘 남의 고통을 함께 느끼려 하고 걱정하는 삶도 결국 남에게 휘둘리는 삶이다. 그렇기에 먼저 동정심의 함정에서부터 벗어나라고 말한 것이다.

에픽테토스를 보라

니체는 고대 스토아학파 철학자 에픽테토스를 동정심을 극복하고 에고를 위해 살아간 모범 사례로 꼽았다.

에픽테토스를 보라. 그는 희생하거나 남을 위해 산다는 생각을 하지 않는데, 요즘과 달리 그 시절에는 그것을 비도덕적이라고 여기지도 않았다. 그는 자신의 에고를 위해 온 힘을 다해 싸웠고 또 다른 사람의 고통에 동정심을 느끼지 않으려고 노력했다.[53]

미덕을 싫어했던 니체가 미덕을 강조한 스토아학파를 추종했다는 의미는 아니다. 충동을 긍정하고 열정적인 삶을 주장했던 니체가 평정심(아파테이아apatheia)을 제시했던 그들을 따랐다는 말도 아니다. 다만 니체는 에픽테토스의 삶에서 그가 이상적으로 여겼던 초인의 모습, 자기 삶의 당당한 주인공으로 살아가는 면모를 본 것이다.

노예 출신인 에픽테토스는 자유인이 되어 자신의 철학을 펼치기까지 오랜 세월을 기다려야 했다. 그가 태어난 터키 남부에서는 법적으로 서른 살이 될 때까지 노예 신분에서 벗어날 수 없었다. 주인의 폭력으로 평생 한쪽 다리를 절게 된 그가 "절뚝거림이 다리에는 장애가 될지 몰라도 내 의지까지 절뚝거리게 하지는 못한다"라는 말을 남긴 일화는 특히 잘 알려져 있다. 그는 자유인이 된 이후 스토아철학을 접해 철학자가 되었고 지금까지도 비천하고 힘든 상황에서 자유를 추구하는 의지의 표상으로 인용되곤 한다.

에픽테토스는 인생을 한 편의 연극에 비유했다. '각자에게 부여된 배역을 최선을 다해 연기하는 것이 곧 인생'이라고 말했다. 부와 지위 같은 욕망 그리고 외부의 가치에 종속되지 않고 스스로 부여한 가치에 초점을 두고 살라고 조언했다.

니체가 어떤 점 때문에 에픽테토스를 남을 동정하지 않은 인물로 평가했는지는 알 수 없다. 다만 그리스·로마 시대의 도덕과 근대의 도덕이 달랐고, 니체가 고대의 '자기중심적' 분위기를 동경하고 있었음은 알 수 있다. **니체는 우리가 정신을 바짝 차리지 않으면 언제든 '메인 무대에서 분장실로 밀려날 것'이라고 경고하지 않았던가.**

에픽테토스 외에도 니체는 늘 역사나 현실에서 자신의 철학과 부합하는 롤모델을 찾으려 했다. 그가 칭송한 인물로는 신화 속의 디오니소스, 로마시대의 카이사르, 니체 당대의 음악가 바그너, 프랑스의 황제 나폴레옹 등이 있다. 니체의 눈에는 그들이 자신의 에고를 위해 온 힘을 다해 싸우면서도 다른 사람의 고통에 동정심을 느끼지 않으려 노력한 것처럼 보였을 것이다.

니체가 칭송한 인물들

디오니소스
포도주, 축제, 광기, 창조적 열정을 상징하는 신으로, 비합리적이고 본능적인 삶을 대표한다.

카이사르

고대 로마의 군인이자 독재자로, 로마 공화국이 제국으로 전환되는 데 중요한 역할을 했다.

바그너

독일의 작곡가로 오페라 장르를 크게 발전시켰고 미술, 철학, 정치 등에도 큰 영향을 끼쳤다.

나폴레옹

프랑스의 군인이자 황제로 프랑스 혁명 이후 혼란스러운 질서를 재편하고 유럽 많은 지역을 정복했다.

이기심과 동정심의 상관관계

그렇다면 동정심을 싫어한 니체가 우리에게 제시하는 대안은 무엇일까? 남이 불쌍하든 말든 그저 신경 끄고 나를 위해서만 살면 될까? 단지 그뿐이면 이 책은 아무 쓸모가 없게 될 것이다. 니체의 조언은 동정심 그 자체가 아니라 동정심 때문에 자기 인생의 주인공으로 살아가지 못하는 삶을 향한 것이다.

동정심에 관한 니체의 생각을 우리 삶에 유의미하게 적용하려

면 동정심과 이기심의 **상관관계를 이해해야만 한다.** 나는 니체가 이기심과 동정심이라는 두 감정을 논리적 모순관계로 상정하고 있음을 발견했다. 즉, 니체는 두 감정이 동시에 강해질 수 없고 동시에 약해질 수 없다고 보았다. 한쪽이 상승하면 다른 쪽이 하강하고, 한쪽이 하강하면 다른 쪽이 상승한다.

니체가 강조한 이기심(자기에 대한 관심)과
동정심(타인에 대한 관심)의 상관관계

이기심⬆ 동정심⬇
이기심⬇ 동정심⬆

vs.

이기심⬇ 동정심⬇ (불가능)
이기심⬆ 동정심⬆ (불가능)

다만 니체 심리학의 목표는 '자신의 길을 가는 것'이지 '동정심의 거부'에 있지 않다는 점을 염두에 두어야 한다. 타인을 동정하는 착한 사람이면서 동시에 이기적인 사람으로 살아갈 수

있다면 니체가 착함을 그렇게 싫어하지는 않았을 것이다. 하지만 니체는 이기심이라는 목표에 도달하는 데 동정심이 아주 큰 장애물이 된다고 여겼다. 그러니 동정심을 경계할 수밖에 없었다.

대부분 사람은 인간관계를 무척 골치 아프고 복잡한 일로 여기지만 사실 우리의 관심 구조는 매우 단순하다. 나에 대한 관심과 남에 대한 관심, 딱 두 종류뿐이다. 그런데 우리는 자기중심적이면서 동시에 타인 중심적으로 살 수 없다. 습관적으로 남에게 관심을 쏟는 사람은 자기애가 떨어지게 되고 자기애가 강한 사람은 남에 대한 관심이 줄어들 수밖에 없다. **니체의 관점에서 남에게 '착한 사람'이라는 칭호를 들을 수 있는 유일한 방법은 나를 위해, 다시 말해 이기적인 목적을 위해 남이 선하다고 보는 행동을 하는 것이다.**

동정 편을 마무리하기 전에 이 한 가지를 꼭 기억하고 실천하자.

매일매일 남을 생각하기 전에 먼저 자신에 대해 생각하자. 이것을 우리 삶의 가장 기초적인 태도로 삼자.

니체
처럼 ——— **동정과 멀어지기**

니체는 이기심과 동정심을 함께 지닐 수 없다고 보았다. 이기심이 커지면 동정심이 작아지고 이기심이 작아지면 동정심이 커진다. 당신은 이기심과 동정심 중 어느 쪽이 큰 삶을 살고 있는지 아래 질문을 통해 생각해 보자.

• **당신은 1)의 삶을 살고 있는가, 2)의 삶을 살고 있는가?**
  1) 이기심이 크고 동정심이 적음.
  2) 이기심이 적고 동정심이 큼.

• **당신의 최근 행동 중 혹시 동정심에서 비롯된 것은 없는가?**

만약 당신이 동정심을 자주 느끼는 것 같다면 아래 '즐거움' '뿌듯함'이 들어간 문장을 완성하며 니체식으로 생각해 보자.

내가 _____를 하는 까닭은
그 행위를 통해 **뿌듯함을 얻기 위해서다.**

나는 나의 즐거움과 행복을 위해
_____를 하곤 한다.

동정심은 스스로를 약하게 만든다.
게다가 상대에게 도움이 되기는커녕
모멸감을 준다.
동정심을 쏟을 대상을 찾을 시간에
스스로에 대해 생각하라.

인간관계에서 비롯된 상처는

적정한 거리감으로 해결될 것이다.

알지 않는가.

관계의 상처 대부분은

애초에 가졌던 기대와 환상 때문임을.

고독

행복의 주도권을
남에게 넘기지 말라

Nietzsche, the First Psychologist: Live for No One but Yourself

고독을 처방한 두 철학자

니체에 이어 쇼펜하우어가 최근 많은 사랑을 받고 있다. 여러 이유가 있겠지만 고독을 찬미한 그의 메시지가 지금의 시대정신과 통한 게 아닐까 싶다. 쇼펜하우어는 이렇게 말했다.

"인간은 원래 자기 자신과만 완전히 융화할 수 있다. 친구와도 애인과도 완전히 융화할 수는 없다. 개성이나 기분처럼 사소한 것일지라도 언제나 불협화음을 초래한다."[54]

우리는 인간관계에서 긴 인내심을 발휘하지 못하는 시대를 살고 있다. 수십 년 절친끼리 여행을 갔다가 사소한 문제로 다툰 후에 다시 보지 않게 되었다는 이야기도 들린다(사실 내 친구 이야기다). 불편한 관계는 안 보면 그만이고 그러다 보니 장년이 되었을 때 얼마 남지 않았던 인간관계마저 더욱 쪼그라든다. 제대로 살고 있는 것인지 고민이 되는 와중에 쇼펜하우어가 나타나 "괜찮아. 그 사람 만나지 않아도 돼"라며 상황을 합리화해 주니 얼마나 위로가 되겠는가.

사실 고독해져도 좋다는 말은 누구나 할 수 있다. 그런데도 우리가 유독 쇼펜하우어의 말에 공감하게 되는 것은 왜일까? 철학자의 이름이 주는 무게감을 빼면 일반인의 말과 무엇이 다를까? 바로 그럴듯한 정당화를 하느냐의 차이다. 철학자의 정당화는 좋게 말하면 깊이 있고, 나쁘게 말하면 장황하고 때로 황당하기까지 하다. 고독을 정당화하는 쇼펜하우어의 설명은 이렇다.

눈에 보이는 세상의 모습 이면에는 배후가 있다. 바로 '의지'이다. 바로 납득하기 어렵더라도 일단 상상해 보자. 커다란 의지라는 게 하나 있다. 우리 개개인을 포함한 세상 만물은 그 의지가 그런 모양으로 표출된 것, 즉 표상이라고 쇼펜하우어는 설명했다. 그래서 그의 대표작이 『의지와 표상으로서의 세계』이다.

이런 설명은 과학으로 검증할 수 없기 때문에 쇼펜하우어가 남들이 모르는 세상의 배후를 '발견'했다고 할 수도 있고 세상을 설명하는 하나의 '가설'을 세웠다고 할 수도 있다. 철학에서는 이런 장르를 형이상학이라고 하는데 짧은 설명에서도 느꼈겠지만 보통 사람에게는 가장 지루하고 졸린 영역이다(한편 이런 이야기만 유튜브에서 찾아보는 예외적인 사람들이 있긴 하다).

신이 세상을 창조했다는 이야기는 새롭지 않다. 세상 너머의 이데아를 이야기한 플라톤까지도 들어봤다. 하지만 '의지'라고? 의지는 생물체만이 가질 수 있지 않나? 그래서 쇼펜하우어와 그의 영향을 받은 니체를 생의 철학자라고도 부른다. 들어보았겠지만 니체의 대표적인 철학 중 하나가 힘에의 '의지' 아닌가.

이 의지를 인간에게 투영하면 '욕망'이라 말할 수 있다. 이 세상이 무언가를 바라는 의지, 욕망으로 가득 차 있다고 생각해 보자. 욕망과 욕망은 충돌하기 마련이므로 당연히 세상은 평화보다는 전쟁, 선의보다는 적대감으로 가득할 것이다. 그런 욕망 덩어리(의지 덩어리)인 세상에서 **인간은 고통을 받을 수밖에 없고 인간관계에 미련을 두어봤자 돌아오는 건 배신감뿐이다.** 이것이 쇼펜하우어 스스로 염세주의에 빠지게 된 의지의 형이상학이다.

니체는 쇼펜하우어를 읽으면서 자신의 철학을 정립했으므로 쇼펜하우어는 니체의 스승이라고도 할 수 있다. 하지만 두 사람이 의지를 대하는 태도는 상당히 달랐으며 각자가 제시한 해결책 역시 판이했다.

쇼펜하우어는 내면의 의지를 부정했다. 쇼펜하우어가 도달한 결론은 말하자면 성자와 같은 삶이다. 그는 욕심을 끊고 이타적인 도덕을 실천함으로써 고통을 극복할 수 있다고 보았다. **반면 니체는 의지를 부정하지 않았다.** 세상의 '이기적인 모습'을 더 밀고 나갔고 그것을 긍정해 버렸다. 금욕이 아니라 욕망을 선택했으며 도리어 욕망을 더 발휘하라고 독려했다. 그 결과 쇼펜하우어는 고통을 줄이는 삶을 추구했고 니체는 힘에의 의지로 긍정의 심리학을 구성하게 되었다.

내게는 쇼펜하우어의 귀결이 그다지 매력적으로 다가오지 않는다. 이야기의 시작은 창대한데 끝은 기존의 도덕을 벗어나지 못했기 때문이다.

다만 인간관계에서 지금보다 더 고독해지자고 말한 것은 쇼펜하우어와 니체의 공통점이다. 인간을 믿을 수 없는 존재라고 보는 관점 또한 그렇다.

사람들은 당신의 선행을 은밀한 악행으로 되갚는다.[55]

이웃은 매일 이러쿵저러쿵 평가하고 뒷담화하기 위해 우리를 살려둔다. 그들이 우리를 칭찬하든 비난하든 무언가를 바라든 바라지 않든 듣지 말고 흘려버리자.[56]

니체의 말대로 남에게 잘해주더라도 돌아오는 건 나에 대한 뒷담화와 배신이다. 그런데 똑같은 전제에서 시작했는데도 쇼펜하우어는 그런 타인에게 연민의 감정을 갖자고 했고, 니체는 타인에 대한 연민을 혐오했다. 니체는 남에게 쓸데없이 잘해주지도 말고 또 남이 나에 대해 뭐라고 하든 신경 쓰지 말라고 조언했다.

쇼펜하우어와 니체의 공통점과 차이점

공통점
세상은 의지로 가득 차 있다. 모든 생명체와 사물은 의지에 따라 움직인다.

차이점
- 쇼펜하우어: 의지를 부정하고(욕심을 끊고) 남을 동정하자.
- 니체: 의지를 긍정하고(욕심을 끊지 말고) 남을 동정하지 말자(자기 힘에의 의지를 확장하자).

쇼펜하우어는 우리가 다른 사람과 적당히 거리를 두어야 하는 까닭을 고슴도치의 비유를 들어 설명했다. 어느 추운 겨울 고슴도치들이 얼어 죽지 않기 위해 서로 달라붙어 있었다. 하지만 이내 자신의 가시가 상대를 찌르고 있음을 느끼고 한 발씩

물러섰다. 얼마 가지 않아 또 추위를 견딜 수 없어져 가까이 모여들었고 그러자 또 서로 찌르는 아픔을 느끼며 다시 떨어졌다. 이렇게 붙었다 떨어지기를 반복하면서 그들은 적당한 거리를 발견했다. 이 비유는 인간의 슬픈 운명을 이야기한다. 인간들은 가까이 모여 서로를 보듬고 공감하려는 욕구를 가지지만 그로 인해 다른 사람에게 상처를 받을 수밖에 없다. 상처를 피하기 위해 다른 사람과 적절한 거리감을 유지하기. 이것이 두 철학자가 인간관계라는 문제에 내린 처방이다. 이러한 고독감은 상처를 피하는 도구일 뿐 아니라 인간에게 새로운 자극을 주는 촉매가 되기도 한다.

홀로 여행을 떠나라

외로움이 느껴지는 사람이 있다. 남들이 그를 피해서가 아니라 스스로 고독을 즐기는 사람, 이를테면 굳이 혼자 밥을 먹거나 영화를 보는 사람, 그래서 남들이 모르는 감성을 가진 듯 보이는 사람.

나는 그런 사람에게 끌리곤 한다. 그의 외로움을 함께 나누고 싶은 것일 수도, "나도 실은 외롭습니다" 하고 말을 건네고 싶은 것일 수도 있다. 그래서인지 지하철이나 공원 벤치에서 종이책을 꺼내놓고 열심히 읽는 사람에게 친근감을 느낀다. 내가 니체에게 끌리고 말을 걸고 싶은 이유도 그에게서 외로움을 느꼈기 때문인지 모른다. 니체가 우리에게 공감과 위로를 주는 것도 그의 외로운 이미지 때문이 아닐까.

그는 일찍이 건강 문제로 대학을 떠난 후 30대부터 50대 중반 사망할 때까지 스위스, 프랑스, 이탈리아 등으로 요양을 겸한 여행을 다녔다. 가까운 친구와 함께할 때도 있었지만 홀로 남겨질 때가 더 많았다. 이 시기 그는 끊임없이 외로이 사색하고 글을 썼다. 니체가 상당한 양의 글을 남긴 데에는 그런 고독이 결정적인 영향을 주었을 것이다. 이탈리아 남부 여행 당시 쓴 글도 그런 정서를 일으킨다.

나는 북부를 견딜 만한 힘이 없다. 그곳에서는 어색하고 거짓된 영혼들이 비버가 집을 짓듯 끊임없이 또 필사적으로 일하고 있다. 나는 젊음을 온통 그들과 보냈다. 그런 나로부터 처음으로 벗어난 때는 하늘이 온통 회색과 붉은색으로 뒤덮인 나폴리의 어느 밤이었다. 그 밤하늘을 보면서 나이가 들어서야 비로소 내 삶을 시작했다는 나에 대한 연민이, 마침내 구제되었다는 느낌이 마치 전율처럼 일면서 눈물이 흘러내렸다.[57]

외로운 니체는 나폴리의 석양을 보며 자신에 대한 연민을,

또 새로운 삶에 대한 희망을 느꼈던 것이다. 나는 이탈리아 여행 중에도 나폴리는 가보지 못했는데 언젠가 이곳에 가게 되면 니체처럼 석양을 바라보며 그의 정서를 느껴보고 싶다.

이것이 홀로 떠나는 여행의 묘미다. 누군가와 함께 있는데 석양을 보면서 눈물을 쏟기는 어렵다. 니체도 옆에 누군가 있었다면 멋지다는 감탄만 하고 이런 정서까지는 느끼지 못했을 수 있다. 니체는 어쩌면 이날 밤 자신의 철학을 구성하는 핵심적인 개념을 터득했을지도 모른다. 그의 유명한 '영원회귀' 사상은 고독한 여행 가운데 스위스의 한 호수에서 탄생한 것으로 알려져 있다.

이런 고독의 방식은 극장에서도 찾을 수 있다. 영화의 엔딩 크레디트가 완전히 올라갈 때까지 자리에서 일어나지 않는 사람은 대체로 혼자 영화를 보러 온 사람이다. 요즘은 어렵지 않게 찾을 수 있지만 예전에 예술 영화를 주로 상영하는 극장에서 엔딩 크레디트를 자르거나 편집하지 않는다는 소문이 돌자 주말 조조 시간대에 혼자 오는 관객으로 티켓이 매진되는 진기한 현상이 펼쳐지기도 했다. 그들은 혼자였기에 영화가 끝난 후에도 옆 사람의 눈치를 보거나 예약해 둔 식당을 찾아 황급히 일어나지 않아도 됐고, 영화가 주는 여운을 마지막까지 곱씹을 수 있었다. 이 짧은 순간이 어쩌면 영화가 주는 깊이를 느낄 수 있는 마지막 골든타임일 수 있다.

네 번째 마음 수업

니체의 고독은 명작에도 영향을 끼쳤다. 『데미안』에서 싱클레어는 젊은 날의 방황 속에서 다음과 같이 고백한다.

"내 책상 위에는 니체의 책이 몇 권 놓여 있었다. 나는 그와 함께 살았고 그 영혼의 고독을 느꼈다. 자신을 쉼 없이 몰고 간 운명에 대한 그의 깨달음을 보았고 그와 함께 아파했다. 그렇게 냉혹하게 자신의 운명을 사랑했던 사람이 있었다는 사실이 기뻤다."

『데미안』의 초판은 싱클레어의 이름으로 출간되었으니 소설 속 싱클레어를 헤르만 헤세로 보아도 무방하다. 싱클레어는 이렇게 니체를 친구 삼아 고독의 길로 향했다. 성장소설 『데미안』의 싱클레어가 니체의 고독과 홀로서기의 정서를 반영하고 있는 것이다.

이처럼 많은 아름다운 것들이 고독 속에서 탄생하거나 고독이라는 정서를 담는다. 이것이 우리가 홀로 여행을 떠나야 하는 이유다. 니체는 여행자의 등급을 다음과 같이 분류하기도 했다.

니체가 말하는 여행자의 등급[58]

5등급 여행에서 체득한 것을 집에 오자마자 일상에 적용할 만큼 열정적인 여행자

4등급 체득한 것을 간직하여 집으로 돌아오는 여행자

3등급 관찰의 결과 무언가를 체득하는 여행자

2등급 세상을 관찰하는 여행자

1등급 주체적으로 관광하지 않고 그저 이리저리 몰려다니는 여행자

니체는 삶의 여정도 이와 다르지 않다고 보았다. 가장 낮은 등급의 수동적인 삶이 있고, 경험한 모든 것을 활용하여 행동으로 옮기는 가장 높은 등급의 삶이 있다.

무리에 끼려고 안달하지 마라

쇼펜하우어, 니체, 헤세의 이야기를 통해 확인하지 않더라도 우리는 명백히 고독의 시대를 살고 있다. 하지만 고독과 외로움이 아무리 대세일지라도 우리에게는 인간관계가 필요하며 20세기 정신분석학자 알프레트 아들러의 말대로 대부분의 고민은 인간관계에서 비롯된다.

다행히 니체는 혼자가 되라는 조언에서 그치지 않았다. 인간

관계의 미묘한 거리감에 대해, 또 그와 관련된 파토스(감성, 감정)에 대해 이야기했다. 니체가 말한 '거리의 파토스'를 쉽게 풀면 다음과 같다.

"너희들과 잘 지내길 원하지만 여전히 난 나야. 그러니 너희와 똑같아지지는 않을 거야."

거리의 파토스와 비슷한 개념으로는 화이부동和而不同이 있다. 강한 사람과 약한 사람, 고귀한 사람과 저열한 사람이 있고 니체는 그중 당연히 강함과 고귀함을 추구한다. 그런데 강하고 고귀한 사람일수록 무리에 속하는 길이 아니라 자신만의 길을 가기를 원한다. 니체는 무리 짓기가 비천한 부류의 특성이라고 보았다.

어느 날 고향은 충청도이고 지금은 서울에 혼자 사는 후배가 주거 문제로 고민을 토로했다. 월세가 계속 올라 힘들다는 이야기였는데 나는 대중교통이 잘 갖춰져 있으니 경기도 외곽으로 이사를 가는 게 어떻겠냐고 조언했다. 내게 돌아온 답은 이랬다.

"형이 서울에만 살아서 잘 모르실 수 있는데요, 저처럼 서울특별시민인지 아닌지가 중요한 사람들이 있어요."

나는 번잡하고 주차 공간도 부족하고 공기도 나쁘고 물가도 비싸고 심지어 밤하늘의 별도 보이지 않는 이곳을 언제 벗어날까 궁리하는 입장이어서 잘 이해가 되지 않았다. 언젠가 블로그에 '오늘부로 서울시민이 되었다'며 인증 숏을 찍어 올린 한 청년을 떠올리면서 그의 심리도 비슷했을까 추측할 뿐이다.

통일신라시대에는 수도 경주에 살던 사람을 왕경인(왕이 있는 곳에 사는 사람)이라고 불렀다. 골품은 왕경인만을 대상으로 하는 신분제도였고 일반 백성은 최하위 골품에도 해당하지 않았기 때문에 모든 신라인은 왕경인 혹은 지방민으로 분류되었다. 당연히 사람들은 경주에 살고 싶어 했다. 지금 전국 청년들이 수도권에 몰려드는 이유가 혹시 그와 비슷한 심리일까.

지역의 범위를 좁히면 서울 안에서도 특정 지역을 선호하는 이들이 있다. 내가 사는 동네를 예로 들면, 한 사거리를 중심으로 세 개의 구가 모여 있는데 같은 조건의 아파트라도 어느 구에 속해 있는지에 따라 가격이 달라진다. 같은 지하철역에 인접하지만 횡단보도를 사이에 두고 행정구역이 달라진다는 이유 때문이다.

이제 당신의 정체성을 형성하는 몇 가지 '구역'을 떠올려보자. 어떤 브랜드의 아파트, 어떤 동네, 어떤 대학, 어떤 기업, 어떤 공공기관, 어떤 정규직…. 이런 집단의 일원이 되면 '많은 사람이 이곳에 소속되고 싶어 한다'는 이유로 우월감을 얻는다. 하지만 니체는 우리에게 건전한 이기주의자, 즉 건강한 개인주의자가 되라고 했다. 그가 이야기한 거리의 파토스 또한 소속감을 주는 집단에서 벗어날 수 있어야 한다는 조언이었다. 그러므로 **니체주의자가 되고 싶다면 이런 무리 짓기에서 벗어나 완벽한**

네 번째 마음 수업

개인으로 거듭나야 한다.

그렇다면 우리는 스스로를 치유하기 위해 어떻게 고독해져야 할까? 니체의 영향을 받은 20세기 정신분석학자 카를 융의 다음 이야기를 통해 알 수 있다.

"사람들은 자기 자신의 발로 서지 못한다. 대신 온갖 집단적인 동일성, 예를 들어 어느 조직의 일원이 되어 그들의 믿음을 신봉하는 것이 자신의 최종 목표인 줄 안다. 홀로 걸어가야 하며, 동반자는 자기 자신밖에 없다. 아무리 중간 단계의 사회 체제의 보호를 받는다고 해도 그것으로 자신을 보호할 수는 없다."[59]

동반자는 자기 자신밖에 없다는 말이 냉정하게 들릴 수 있다. 우리 안에는 고립을 두려워하는 마음이 있기 때문이다. 니체는 우리에게 그런 본능이 있음을 간파하고 있었다.

'이것은 사회의 도덕에 반합니다'라고 말했을 때 주변 사람들이 차갑고 경멸적인 표정을 지으면 아무리 강한 사람이라도 두려워한다. 무엇을 두려워하는가? 바로 커져가는 고독감이다![60]

그럼에도 니체는 고독한 사람으로 홀로 서기 위해서는 이런 두려움에서 벗어나야 한다고 말한다. 물론 용기가 필요한 일이다.

오직 나로 살아가기 원하는가? 이것을 고독과 연관 지어 생각해 보자, '오직'이라는 부사를 쓴 이유도 '고독함' '혼자 있음'을 전제로 삼기 때문이다. 물론 다른 사람과 내가 서로 다르다는 의미일 뿐 사회적인 신분의 높고 낮음을 따지는 것은 아니다.

하지만 한 가지는 분명히 해야 한다. 오직 나로 살겠다는 다짐에는 내가 더 우월하고 고상하다는 자신감이 있어야 한다. 최소한 어떤 집단에 소속됨으로써 자신의 존재 이유와 가치를 찾지는 않겠다고 다짐해야 한다. 그런 생각에서 벗어나야 오직 나로 살아가는 삶이 가능하다.

다른 길로 가는 후배에게 배신감을 느끼지 말라

거리의 파토스, 즉 인간관계에서 적정한 거리 감각을 갖춘 사람은 기본적으로 집단이 아닌 개인을 추구한다. 이런 사람은 가족이나 친구가 곁에 없고 외로워진다고 해도 고통받지 않는다. 때로 가까운 친구와 멀어지면 어떻게 해야 하나 걱정이 앞설 때가 있다. 이때 **니체는 멀어짐을 두려워하기보다 현명하게 멀어지는 방법을 고민하자고 조언한다.**

한 영혼이 다른 영혼에 어떻게 가까워지는가가 아니라, 어떻게 멀어지는가에서 나는 둘 사이의 친밀도와 관계의 성격을 파악한다.[61]

이 이야기는 '멋진 헤어짐'이 있다는 의미로 들린다. 우리는 우리가 만나는 모든 사람과 헤어진다. 환경이 달라져서, 감정이 상해서, 사는 곳을 옮겨서, 또는 죽음을 통해 헤어진다.

대개는 만남에 비해 헤어짐을 소홀히 여긴다. 당신이 직장에 들어온 첫날을 생각해 보자. 처음 마주한 사람들에게 보였던 해맑은 표정을 헤어질 때도 보일 것 같은가? 앞으로 진로에 유용할지를 기준으로 인간관계를 다루는 사람일수록 좋은 마무리에 인색하다. 특별히 그럴 이유도 없는데 마치 도망치듯 사라지는 사람도 있고, 조직 또는 조직 내의 누군가에게 느낀 실망과 분노를 숨기지 못하고 저주하며 떠나는 이도 있다.

하지만 이기적으로 생각하더라도 만남만큼이나 헤어짐에도 신경을 써야 한다. 어떻게 헤어지는지에 따라 지나간 날들의 성격이 결정되기 때문이다. 어떤 사람과 하찮게 헤어지면 그 사람과 나눈 그간의 기억과 추억은 물론, 그곳에서 보낸 내 인생의 한 시절까지도 하찮아진다. 그런 관점에서 니체는 만남과 헤어짐 사이의 균형 감각을 요구한다.

'네가 해가 뜨는 쪽으로 간다면 나는 해가 지는 쪽에 가까워질 것이다.' 이런 느낌은 타인과 친밀해질 때 필요하다. 이런 감각이 없다면 모든 우정과 스승을 향한 존경은 머지않아 위선이 되고 말 것이다.[62]

타인에게 너무 크게 기대하면 실망할 수밖에 없다는 진실을 니체도 경험으로 터득했기에 이런 글을 썼을 것이다. 또한 그는 친구나 스승이라 할지라도 자신과는 다른 길을 가는 완벽히 다른 존재임을 알았던 것 같다. 친구가 저 길을 간다고 내가 따라갈 필요는 없으며, 스승이나 멘토에게 도움을 받더라도 언젠가는 그와 다른 길을 갈 수밖에 없음을 기억해야 한다.

니체가 쇼펜하우어나 바그너와 다른 길을 가지 않았더라면 니체의 심리학은 만들어지지 못했을 것이다. 프로이트와 결별하지 않았다면 융의 독자적인 분석심리학은 세상의 빛을 보지 못했을 것이다. 니체와 융이 자신들의 스승과 멀어졌기 때문에 그들의 사상 또한 위선으로 흐르지 않고 자신만의 길을 찾아갈 수 있었다.

다른 방향으로도 생각해 보자. 열심히 가르친 제자나 후배가 엉뚱한 길로 가는 것 같아도 배신감을 느끼지 말자. 그 가르침이 어떤 형태로든 영향을 준 결과, 제자가 그 길을 걷는 것이니 말이다.

앞으로 누군가 "평생 네 곁에 있을 거야"라고 한다면 거짓말이라고 받아들이자. 아무리 가까운 친구, 애인, 심지어 일심동체라고 하는 부부라도 둘 사이의 적정한 거리는 존재하고, 또 존재해야 한다. 니체의 말대로 모든 관계에는 멀어짐과 헤어짐이 있음을 받아들여야 한다.

인간관계에서 비롯된 상처는 이 거리감으로 해결될 것이다. 알지 않는가. 관계의 상처 대부분은 애초에 가졌던 기대와 환상 때문임을. 꽃이 피는 날 시듦을 떠올릴 수 있는 것처럼, 1월의 첫날에 12월의 마지막 날을 떠올릴 수 있는 것처럼 **이제 누군가를 처음 만난 날 멀어짐을 떠올리자.**

가족과도 거리를 두어야 한다

가장 친밀한 인간관계인 가족이라도 예외는 될 수 없다. 니체는 가족 관계에 대해 이렇게 말했다.

우리는 같은 식탁에서 식사를 할지라도 서로 숨겨진 존재다.[63]

그리고 그 이유에 대해 다음과 같이 말했다.

모든 영혼은 각자의 세계를 갖고 있다. 모든 영혼에게 다른 영혼은 완전히 다른 세계다.[64]

가족, 특히 부모 자녀 관계는 가깝기에 더 어렵다. 누구나 한 번쯤 이해할 수 없는 행동을 하는 부모 혹은 자녀와 갈등을 빚은 적 있을 것이다. **만약 이 책을 읽고 있는 당신이 부모라면 자녀의 세계를, 자녀라면 부모의 세계를 상상해 보자. 그리고 거기서부터 상대를 이해하려 노력해 보자.**

부모는 물론 나를 낳아주고 키워준 감사한 존재지만 인생의 조언자일 뿐 나를 완전히 이해할 수는 없다. 이렇게 생각하면 부모님의 잔소리에 서운함이나 의아함을 느끼는 일도 줄어들 것이다.

특히 부모는 자녀를 다 안다고 생각하기 쉽다. 세상에 갓 태어나 아무것도 하지 못하던 아이가 기고 걷고 말하는 과정을 모두 지켜봤는데 당연히 그렇지 않겠는가. 하지만 니체의 말처럼 자녀의 '영혼(내면)'의 차원으로 들어가면 이 생각은 완벽한 착각이다. 부모는 자녀의 내면에 무엇이 있는지 거의 알지 못한다. 하지만 우리 사회의 많은 부모는 자녀가 원하지 않거나 그에게 불필요한 자신의 바람을 "다 너를 위해서 하는 말이야"라는 말로, '사랑'이라는 이름으로 포장해 표출하곤 한다. 니체는 부모들의 교육에 대해 다음과 같이 경고한다.

부모들은 무의식적으로 아이를 자신과 유사한 모습으로 만들면서 그것을 교육이라고 부른다. 어떤 엄마도 아이가 자신의 소유물이 아닐지도 모른다고 마음속 깊이 의심하지 않고, 어떤 아빠도 자신의 가치관에 따르지 않을 권리가 아이에게 있을지도 모

여기에서 소유물이라는 표현에 주목해야 한다. 니체는 사랑을 소유욕, 즉 이기심의 일종이라고 생각했다. 그래서 어머니가 친구의 성공한 아들을 질투하는 까닭을 '어머니가 아들보다 아들 안에 있는 자신을 더 사랑하기 때문'이라고 분석했다.[66] 자식을 자신의 것으로 여기다 보니 자식과 어머니 사이의 경계가 흐려진다. 우리는 주변에서 이런 부모의 모습을 심심치 않게 볼 수 있다.

히지만 니체가 자녀에 대한 부모의 사랑 자체를 거부한 것은 결코 아니다. 그저 사랑 안에 인간의 이기적인 심리가 숨어 있음을 분석했을 뿐이다. 사랑과 소유욕의 뿌리가 같다면 우리는 이 둘을 쉽게 혼동할 수밖에 없다. 니체는 그런 실수를 경계하라고 조언했으며 '적당한 거리 두기'야말로 현명한 교육관의 핵심이라고 보았다.

그렇다면 니체와 가족들 간의 거리는 어땠을까? 니체는 일찍 아버지를 여의고 독신으로 살았다. 그러니 어머니 프란치스카 그리고 여동생 엘리자베스와의 관계를 중요하게 여길 수밖에 없었다. 가족들 또한 일찍부터 명석한 두뇌로 두각을 드러냈으나 늘 병약했던 그를 각별히 신경 썼다.

이처럼 가까운 거리는 긍정적으로 작용하지만은 않았다. 프란치스카는 니체가 작고한 아버지의 뒤를 이어 목사가 되기를 바랐다. 알다시피 니체는 그 뜻을 따르지 않았고 심지어 반기독교를 표방했다. 그러자 어머니는 그를 집안의 수치로 여기며 그와 갈등했다. 엘리자베스는 어릴 때부터 니체와 각별한 사이였다. 그래서인지 종종 니체의 인간관계에 개입했고 그 결과 오빠가 여성을 사귀는 데 방해가 되었다는 평도 있다.

하지만 병약한 아들, 혹은 오빠를 마지막 순간까지 챙긴 이들도 가족이었기에 관계 자체가 심각한 문제였다고 하기는 어렵다. 진짜 문제는 니체가 죽기 10여 년 전, 의식을 잃고 쓰러졌을 때 벌어졌다.

고독하게 떠돌아다니며 책을 출간해 온 니체는 불행인지 다행인지 의식을 잃은 이후에 학계와 대중 사이에서 스타 철학자로 부상했다. 엘리자베스는 니체의 문서보관소를 만들고 그곳에서 니체와 함께 살았다. 그러고는 누구도 자신의 허락 없이 니체를 만나지 못하게 했고 니체의 모든 글에 대한 권리를 독점했다.

그런 그녀가 극렬한 게르만 민족주의자에 반유대주의자였다는 점이 사건의 발단이었다. 니체가 쓰러지기 전, 그녀는 남편과 파라과이로 건너가 순혈 독일 민족만의 공동체를 건설하려다 실패했다. 남편이 자살로 생을 마감한 뒤 독일로 돌아온 그녀는 1900년 니체가 사망하자 히틀러를 지지한다. 오빠를 통해 얻은 부와 명예가 어찌나 도움이 되었는지 훗날 히틀러가 그녀의 장례식을 직접 찾을 정도였다. 이것이 니체의 사상이 나치와 독일 민족주의에 부역하는 데 앞장서게 된 배경이다.

니체의 글을 깊이 읽어본 사람이라면 동의하겠지만 니체는 민족주의자가 아니고 당연히 반유대주의자도 아니다. 초인 사상은 인류 문명의 고양과 혁신을 추구했지 독일 민족의 우월성을 이야기하지 않았다. 엘리자베스는 스스로 오빠의 명예를 위해 헌신했다고 생각했을지 모르지만 결국 오빠의 사상을 왜곡하고 불명예의 덫에 걸리게 만들었다.

니체가 이 사실을 알았다면 여동생에게 어떤 감정을 가졌을까? 인간관계의 거리에 대한 니체의 경고는 어쩌면 자신의 미래를 예견하고 쓰였는지도 모른다.

니체
처럼 —— 고독하기

니체는 고독을 두려워하는 우리의 본능을 이해했다. 그렇지만 자신의 존재 가치를 집단에서 찾는다면 저열한 이기주의자가 될 것이라며 무리에서 벗어나라고 말한다. 또한 가족을 포함한 모든 인간관계는 상대에게 의존하지 않는 독립적인 태도에서 시작해야 한다고 보았다. 아래 내용을 통해 당신도 고독한 사람으로 홀로 설 수 있을지 니체식으로 생각해 보자.

* 지금 자신이 속한 집단을 떠올려보자. 그 안에서 자신의 가치를 찾고 있지는 않은가?

* 자신이 가장 의지하는 상대를 떠올려보자. 그와 내가 가장 최근에 다툰 이유는 무엇이었나? 우리 사이의 가장 큰 차이는 무엇인가?

* 니체에게 글쓰기는 자신의 업이자 유일하게 생산적인 활동이었다. 만약 당신이 니체처럼 고독한 처지에 놓였다고 가정하면 그 생활을 지속할 만한 일이나 취미 활동이 있는지 생각해 보자.

어디에 소속되려는 욕망에서 벗어나
홀로 자신의 길을 가야 한다.
또 아무리 가까운 사이라도
적정한 거리를 두어야 하며
서로 다른 두 영혼은 완전히 다른 세계임을
잊지 않아야 한다.

니체는 많은 유명한 철학자들처럼
안정적인 위치에서 사유를 펼치지 않았다.
삶에서 실패와 몰락의 정서를 느낄 만한 경험을 했고
그 가운데 힘에의 의지를 발휘하는 치열함을 보였다.
그랬던 니체가 용기를 이야기하기 때문에
우리의 마음을 자극하는 것이 아닐까.

용기

진정한 이기심은
자기 자신을 마주할 용기다

Nietzsche, the First
Psychologist: Live for No
One but Yourself

두려움 없이 용기도 없다

니체처럼 살기 위해서는 많은 용기가 필요하다. 지난 일을 후회하지 않고 마주하기 위해서도, 집단의식에서 벗어나 '나'라는 개인으로 살기 위해서도 용기가 필요하다. 하지만 용기를 내기가 말처럼 쉽지만은 않다. 그래서 『데미안』에서 싱클레어는 이렇게 고백했던 것이다.

"나는 진실로 내 안에 있는 것을 살아보고 싶었다. 왜 그것이 그렇게 어려웠을까?"

바쁜 현대인에겐 더욱 어려운 일이 아닐까. 눈앞에 닥친 일정에 쫓기며 하루하루를 살아가다 보면 내 속에 무엇이 있는지 생각할 겨를이 없다. 운이 좋아 그것을 발견했다 하더라도 또 하나의 큰 산을 넘어야 한다. 바로 두려움이라는 감정이다. 용기는 두려움을 느낀 이후의 반응이다.

니체는 두려움의 원인을 몇 가지 언급하는데 그중 하나가 타인의 시선이다. 우리가 무언가를 평가할 때 들이대는 잣대는 자신이 세운 기준 혹은 남이 세운 기준, 두 가지뿐이다. 니체는 후자가 압도적으로 많다고 말한다.

> 우리는 그저 남의 판단을 자기 것인 척하면서 지내는 태도가 현명하다고 여긴다. 왜 그럴까? 두려움 때문이다.[67]

사회 여러 방면에서 청년 문제가 나날이 심각해지고 있다. 특히 청년들이 결혼을 기피하는 이유에는 이런 두려움이 있을 것이다. 누군가와의 대화가 즐겁고 같이 지내고 싶으면 함께 살길을 모색하면 된다. 그런데 '식'을 올릴 상황이 되면 지인들의 반응이 걱정된다. 가족이 반대하지는 않을까, 친구가 내 배우자의 모습을 비웃지는 않을까 두려움을 느낀다.

취업 문제 또한 비슷하다. 최근 한 설문조사는 청년들이 대학 졸업 후 취업하는 데까지 평균 17개월이 걸린다는 결과를 발표했다. 졸업이 코앞인데도 취업하지 못한 상황이라면 동기들의 취업 소식을 축하하면서도 내심 불안해진다. 졸업식 때 찾아올 친지들 보기가 두려워지고 얼마 전 합격 통지서를 받은 작은 회사에 대해서는 별로 이야기하고 싶지 않다. 그저 자신의 길을 가면 될 일인데 주변의 시선이 의식되는 건 어쩔 수 없다.

이런 두려움을 향한 니체의 조소는 섬뜩하기까지 하다.

허구한 날 근심에 싸여 있는 자, 한숨짓는 자, 탄식하는 자 그리고 사소한 이익이나 주워 모으는 겁 많은 자.[68]

니체는 인간의 나약한 면을 잘 알았던 것 같다. 그렇다고 그가 이순신처럼 용맹한 장군이나 지구를 구하는 영웅이 되라고 하지는 않았다. 알다시피 니체조차 그런 사람은 아니었다. 니체가 말하는 두려움 없는 사람의 모습은 의외로 어린아이에게서 발견할 수 있다.

아이들은 좀처럼 근심에 빠지지 않는다. 한숨짓거나 탄식하는 법조차 모르며 언제나 그런 건 아니지만 어떤 부분에서는 겁이 없고 대범하다(곰이나 사자 앞에서 웃으며 아장아장 다가갈 수 있는 존재는 갓난아이밖에 없다). 이처럼 **니체가 말하는 두려움 없는 삶은 용사의 결연한 표정이 아니라 아이의 해맑은 얼굴에서 찾을 수 있다.** 졸업식 날까지 취업을 하지 못했다면 걱정과 두려움이 없을 수는 없다. 그럼에도 아이와 같이 해맑은 웃음은 지을 수 있으며, 그것이 니체가 우리에게 바라는 인간상이다.

그런데 용기를 두려움이 없는 상태라고 오해해서는 안 된다. 우리는 이미 두려움이 엄습한 상황에서 용기를 내야 하기 때문이다. 그렇다면 어떻게 용기를 낼 수 있을까?

> 형제들이여, 그대들은 용기가 있는가? 담대한가? 나는 차디찬
> 영혼, 노새, 눈먼 자, 술 취한 자를 두고 담대하다고 말하지 않는
> 다. 오히려 두려움을 아는 자, 그러면서도 그 두려움을 제어하는
> 자, 금지를 갖고 심연을 바라보는 자가 담대하다.[69]

이처럼 용기 있는 사람은 단순히 두려움을 모르는 사람이 아
니라 그 감정이 무엇인지 알고 컨트롤할 수 있는 사람이다. 그러
니 용기를 니체식으로 정의하면 다음과 같다.

두려움이 느껴질 때 이를 적절히 제어하고 자기 내면의 기준대
로 살아가려는 힘에의 의지.

이제 이 용기를 실제 생활에 어떻게 적용할 수 있을지 고민해
보자.

줏대 없이 순종하지 말라

졸업을 앞둔 어느 고등학생의 진로에 대한 이야기다. 이 학
생은 평소 변호사가 되기를 꿈꿨는데 수능 시험에서 실력을 발

휘하지 못해 원하는 대학에 떨어졌다. 그런데 졸업을 앞두고 겨울 방학을 맞아 머리도 식히고 용돈도 벌 겸 시작한 베이커리 카페 아르바이트에서 우연히 베이킹의 매력에 흠뻑 빠져버렸다. 제빵사가 되고 싶다는 열망이 강해진 그는 부모님에게 새로 발견한 꿈에 대해 고백했다.

부모님의 반응은 예상대로였다. 무슨 말이냐, 세상이 영화나 드라마 같은 줄 아느냐, 너에게 들인 돈과 시간이 얼마인 줄 아느냐, 주변 친구나 친척들이 뭐라고 생각하겠냐, 정신 차리고 재수해서 다시 도전해라 등 거센 반대에 부딪혔다. 당신이 이 학생이라면 어떻게 할 것인가.

이 부모의 반응은 우리 사회의 일반적인 분위기를 반영하고 있다. 변호사가 제빵사보다 우월한 직업이며, 자녀가 험한 길을 가려는 걸 막아야 된다고 생각한다.

하지만 니체가 보기에 이런 부모의 반응은 자녀를 위한다는 명목일 뿐 자녀를 소유하려는 욕심이다. 직업의 안정성에 얼마나 큰 가치를 부여할지, 직업에 대한 사회의 인식을 얼마나 고려할지 등은 그 직업으로 살아갈 당사자가 겪고 판단할 문제이지 부모가 개입할 문제가 아니다. 또 영화나 드라마에서 정의감 넘치는 변호사를 보며 변호사의 꿈을 키울 수 있는 것처럼 까탈스러운 셰프를 보면서 셰프의 꿈을 키울 수 있다. 영상에서 직업의 현실이 어느 정도 왜곡되는 건 어느 쪽이든 마찬가지다.

심리학자 아들러는 모든 이의 인생에 각자의 '과제task'가 있으며 부모는 자녀의 과제에 함부로 개입해서는 안 된다고 말했다. 인간의 심리에 접근하는 기본 태도는 전혀 다르지만 '과제의 분리'라는 측면에서 니체와 아들러는 완벽하게 의견을 같이 한다. **니체나 아들러에게 묻는다면, 위 상황에서 부모는 자녀에게 조언을 할 수는 있지만 그 이상 '남'의 과제에 함부로 개입해서는 안 된다고 경고할 것이다.**

꿈이란 무엇인지 생각해 보자. 꿈은 억지로 가지라고 해서 갖게 되는 것이 아니다. 또 가지지 말라고 해서 생기지 않는 것도 아니다. 장래 희망은 한 달에 한 번 또는 일 년에 한 번씩 생기지 않고 어쩌다 한 번, 아주 간혹 발견된다. 그러니 누군가가 자신의 꿈을 이야기하는 건 그 사람의 인생에서 상당한 사건이다. 그럴 때 부모의 과제는 그 이야기를 잘 듣고 어떻게 하면 자녀의 꿈을 발전적으로 이끌 수 있을지 함께 고민해 주는 것이다. 그런데 오히려 미래에 대한 두려움과 불안감을 키워주어서는 안 되지 않겠는가.

니체는 내면에서 솟아나는 목소리를 외면하거나 억누르지 않았기 때문에 가족의 반대에도 자신의 사상을 마음껏 펼치는 길을 갈 수 있었다. 그가 목사가 되기를 바랐던 부모의 시선이나 반유대주의자였던 동생의 시각에 동조하거나 영향을 받았다면 우리가 지금처럼 니체에 관심을 가지는 일도 없었을 것이다.

남의 말을 경청하는 태도는 훌륭하다. 하지만 그 말에 쉽게 동조하는 건 니체의 미덕이 아니다. 자신을 위해 모든 것을 희생하는 부모에게도 경계심을 풀어서는 안 되는데 하물며 다른 사람은 말해 무엇하겠는가. 니체는 줏대 없는 순종의 결과에 대해 다음과 같이 경고한다.

'순종하면 뭔가 주어질 것이다'라고 믿는 사람들이 많다. 하지만 착각이다. 순종하면 빼앗길 것이고 앞으로 점점 더 많은 것을 빼앗길 것이다.[70]

직장 상사가 당장의 희생과 순종을 요구하면서 미래의 대가를 약속하거나 암시하는 경우가 있다. 아랫사람을 이용하려는 말일 수도 있지만 진심으로 하는 소리일 수도 있다. 하지만 설령 그렇다고 할지라도, 내키지 않는데 그런 이익에 솔깃해서 움직인다면 니체가 말한 '사소한 이익을 도모하는 자'로 전락해 버린다. 그리고 현실에서는 시간이 지나면 사정이 바뀌고 이전 약속을 잊는 경우가 허다하다 보니 나중에 배신감을 느끼기 일쑤다.

니체는 우리가 더 고매해지고 높아지기를 바란다. 그는 직장 상사의 요구가 있을 때 작은 이익을 계산하기보다는 자신의 선호나 욕망을 따르는 선택을 하라고 조언할 것이다. 내면의 목소리를 따라 좋으면 하고 싫으면 거절하자. 니체라면 상사가 제시하는 약속을 굳게 믿지 않을 것이다.

　다시 고등학생 이야기로 돌아오자. 니체는 학생에게 자신의 내면에서 솟은 그 길을 용기 있게 가라고 조언할 것이다. 다만 한 가지 유의할 점이 있는데, **한번 찾아온 내면의 목소리가 영원불변한다고 착각해서는 안 된다.** 니체의 철학에서 고정된 자아란 존재하지 않는다. 내일의 욕망이 오늘의 욕망과 다를 수 있고 꿈은 욕망의 다른 표현일 뿐이기 때문에 당연히 꿈도 변한다. 그러니 제빵사가 되고 싶다는 그 학생은 몇 년 후에 자신의 꿈이 바뀔 수도 있음을 겸허히 인지해야 한다.

　'용기 있는 삶' 혹은 '순종하지 않는 삶'을 살아가고 싶다면 '욕망은 변한다'는 니체의 조언 또한 고려해야 한다. 살아가면서 무언가에 집착하는 까닭은 내일도 모레도 10년 후에도 나와 나의 욕망이 변하지 않을 거라고 착각하기 때문이다. 하지만 목숨을 걸어도 좋다고 생각한 연인이 분노와 저주의 대상으로 변하거나, 내 길이라고 굳게 믿은 직업 외에 천직은 따로 있었음을 깨닫는 경우도 얼마나 많은가. 니체의 철학을 제대로 이해하려면 그에게서 변화를 추구하는 유연한 태도도 함께 발견할 수 있어야 한다.

자신만의 길을 가기 위한 니체의 조언

자기 욕망대로 살라.

+

하지만 그 욕망은 변한다.

↓

욕망대로 살되 그 욕망에 집착하지는 말라.

실패가 배제된 용기란 없다

퇴임을 앞둔 한 대학 교수가 학생들에게 꼭 읽어야 할 소설이라며 어니스트 헤밍웨이의 『노인과 바다』를 소개하는 강의를 보았다. 요지는 학생들에게 편한 길만 찾지 말고 어려운 길에 도전하라는 것이었다. 비슷한 시기에 '청년은 공무원처럼 안정적인 직장만 찾을 게 아니라 도전하라'고 쓴 어느 고위 공직자의 칼럼도 보았다. 그저 그런 메시지였다.

안정적인 직장에서 그다지 험한 일에 도전해 보지 않은 것처럼 보이는 분들의 그런 이야기가 청년들에게 얼마나 큰 감흥을 일으킬까. 물론 경험한 사람만 무언가를 이야기할 수 있는 건 아니다. 하지만 "편한 길을 추구하지 말라"와 같이 도전을 강조하는 이야기는 실제로 그렇게 살았던 사람이 말할 때 설득력이 있다. 그런 면에서 니체의 이야기는 감흥을 일으킨다.

『차라투스트라는 이렇게 말했다』의 도입부에는 광대의 줄타기 이야기가 나온다. 대단히 특별한 이야기는 아니다. 광대가 '용기'를 내서 줄타기를 했고 사람들은 숨죽이면서 그 장면을 보았고 그는 아슬아슬하게 줄을 타다가 결국 떨어져 죽었고 구경하던 차라투스트라는 그를 높이 평가하면서 등에 업고 가 땅에 묻어준다. 이게 이야기의 끝이다. 하지만 이 이야기는 니체가 원하는 용기 있는 삶을 압축적으로 보여준다. 차라투스트라는 광대가 타고 있는 밧줄이 바로 우리네 인생길을 상징한다는 듯 이렇게 말했다.

"사람은 짐승과 위버멘쉬(초인) 사이를 잇는 밧줄이다."[71]

니체가 이상적으로 삼은 인간형이 '초인超人'이라는 이야기는 한 번쯤 들어보았을 것이다. 초인의 사전적 의미는 '건너가는 사람'이다. 니체는 밧줄을 타고 넘어가는 광대의 모습에서 초인의 모습을 발견했으며 우리 모두의 삶 또한 초인을 향해 나아가야 한다고 보았다. 그 사람이 타고난 신분은 초인이 될 수 있는지 여부와 관련이 없다.

여기에서 또 한 번 두려움과 용기의 상관관계가 나온다. 광대의 줄타기에 용기가 필요한 이유는 추락할지도 모른다는 두려

움이 있기 때문이다. 이 두려움에 대해 차라투스트라는 이렇게 반응한다.

> 사람에게 위대한 면이 있다면 그것은 그가 목적이 아니라 하나의 다리이기 때문이다. 사람에게 사랑받아 마땅한 면이 있다면 그것은 그가 하나의 과정이요, 몰락이기 때문이다.[72]

    니체는 먼 훗날에 도달할 위치가 아니라 과정으로서 맞닥뜨린 현재에서 삶의 가치를 찾는다. 실패의 가능성이 있는 모든 과정은 용기를 필요로 하고 바로 그 때문에 실패를 무릅쓰는 사람, 즉 삶이라는 과정을 용기 내어 통과하는 사람은 사랑스러울 수밖에 없다. 니체는 삶의 '즐거움'을 위한 실패의 위험을 이렇게 긍정한다.

> 존재가 가장 큰 생산성과 가장 큰 기쁨을 얻는 비결은 '위험하게' 사는 것이다.[73]

    니코스 카잔차키스의 『그리스인 조르바』는 화자인 '나'와 조르바가 위험하게 도전하고 실패하고 기쁨을 얻는 과정을 생생히 묘사한 작품이다. 그들은 크레타섬에서 산림의 나무를 활용한 탄광 사업으로 돈을 벌 계획이었다. 하지만 힘겹게 건설한

목재 수송용 케이블이 본격적인 가동을 앞둔 최종 점검 단계에서 쓰러지면서 결국 도전은 실패로 끝난다.

사업의 실패는 그들에게 고통만 주었을까? '나'는 낙담한 자신을 위로하기 위해 춤을 추는 조르바를 보고 자신에게도 춤을 가르쳐달라고 해 해변에서 함께 춤을 춘다. 용기 있는 도전과 몰락의 과정에서 얻은 기쁨과 희열, 절망이 뒤섞인 강인하고 열정적인 몸짓이었다. 물론 그들의 사업이 성공했다면 더 좋았겠지만 그랬다면 그들이 함께 춤을 출 일은 없지 않았을까.

니체는 도전하지 않고 그럭저럭 사는 삶보다 도전하고 실패하는 삶이 훨씬 더 낫다고 조언한다. 니체처럼 용기를 강조하고 또 큰 울림을 준 철학자는 좀처럼 찾기 어렵다. 그 까닭은 그의 삶에서 찾을 수밖에 없다. 유명한 철학자들은 대체로 경제적으로나 사회적으로 안정적인 위치에서 사유를 펼쳤지만 니체는 그렇지 않았기 때문이다. 그는 삶이 실패했다거나 몰락했다고 느낄 만한 경험을 충분히 했고 그 가운데에서도 삶을 포기하지 않는 치열함을 보였다. 심지어는 종교에 대해서도 성역 없이 자신의 소신을 펼쳤다. 그런 니체가 용기를 이야기하기 때문에 더욱 우리의 마음을 자극하는 것이 아닐까.

그렇다고 갑자기 직장을 그만두고 무모한 선택을 하라는 건 아니다. 광대는 본래 줄을 타는 사람이지 타본 적도 없는 사람이 위험한 줄을 타서는 곤란하다. 자기가 충분히 탈 수 있고 또

다섯 번째 마음 수업

성공의 가능성이 어느 정도는 담보된 줄을 타야 하지 않을까.

도덕의 전략에서 벗어나기

남의 시선만큼이나 '미래에 대한 두려움' 또한 우리에게 매우 익숙한 감정이다. 아이를 키우는 부모라면 아이가 특정 음식을 먹지 않으면 키가 다 자라지 않을 것 같고, 선행학습을 하지 않으면 친구들보다 뒤처질 것 같고, 좋은 대학에 가지 않으면 큰일이 벌어질 것 같은 두려움을 느껴봤을 것이다. 언제 닥칠지 모르는 불확실한 상황, 오지 않은 미래를 오늘의 중심에 놓고 자유로운 삶을 구속하는 전형적인 패턴이다.

당연하게도 이 패턴을 반복하면 눈앞의 행복은 멀어진다. 청소년기에는 대학을, 대학에 가면 직장을, 직장에 가면 승진을, 적당히 살 만하면 부자를, 나이가 들면 은퇴 이후를 두려워하고 불안해하는 습관을 들이다보면 끊임없이 불행해진다. 지금부터는 이 패턴이 만들어지는 원인과 거기에서 벗어나기 위한 용기를 이야기해 보려 한다.

일찍이 장 자크 루소가 교육철학서 『에밀』에서 '나중을 위해 지금을 희생시키는' 교육의 폐해를 지적했지만 니체는 이에 심리적 분석을 더했다. 그는 **불안감을 조성하는 건 다름 아닌 도덕**

과 종교의 전략이라고 이야기했다. '전략'은 니체가 사태의 진실을 파헤칠 때 주로 사용하는 용어다. 의식했든 아니든 악의적인 의도가 개입했음을 암시한다. 대학 입시를 정점으로 구축되어 있는 한국 사회의 거대한 사교육 시스템이야말로 전형적으로 나중을 위해 지금을 희생시키는 구조다. 우리는 '좋은 대학교에 가야 훌륭하다'는 사회의 도덕 혹은 종교에 가까운 믿음을 교육을 통해 주입받았다. 니체의 눈에는 우리 사회 전체가 이 전략에 사로잡힌 탓에 모두가 어릴 때부터 두려움과 불안의 심리에 매몰된 것처럼 보일 것이다.

그렇다면 어떻게 이 불안감에서 벗어날 수 있는가? 니체는 우리에게 힌트를 준다. **도덕과 양심이 상대적인 가치임을 아는 것만으로도 거기에서 벗어나기가 한결 수월해진다.**

예를 들어 1980년대 초등학교에서는 나이키와 같은 브랜드 운동화를 신지 말라는 지침을 내렸다. 아무나 신고 다닐 수 없는 브랜드 운동화가 가난한 친구들에게 위화감을 줄 수 있고 더불어 사는 사회에서 도덕적으로 옳지 않은 태도라는 이유에서다. 지금은 상상할 수 없는 이야기다. 주변인이 느낄 위화감 때문에 옷을 입을 자유를 억압해야 한다는 주장이 얼마나 큰 도덕적 정당성을 갖고 있을까. 그러나 그 시대의 도덕은 그런 입장이었다.

이처럼 도덕과 그에 따른 양심은 절대적이지 않고 시간에 따라 변한다. 니체는 이 점을 간파했기에 기존의 도덕에 삐딱한 시선을 가질 수 있었다. 그는 우리가 어떤 잘못을 하고 느끼는 '양심의 가책'에 대해서도 의문을 제기한다. 그런 양심 또한 사회가 만들어낸 것일 뿐이라고 본다.

지금 같은 양심 실종 시대에 이런 이야기가 적절한지 의아할 수 있다. 그렇다면 다시 양심이란 무엇인지 생각해 보자. 유학에서 말하는 하늘이 내린 선한 마음일까? 칸트가 말한 대로 밤하늘의 별처럼 내 마음속에서 빛나는 도덕률일까? 니체는 그와 같은 도덕의 절대성을 인정하지 않는다.

> 양심을 채우는 내용들은 어릴 때 두려움의 대상이었던 사람들이 이유도 없이 우리에게 꾸준히 요구한 것들이다. 따라서 '~해야 한다' '~해서는 안 된다'와 같은 양심의 목소리가 있다고 할 때 그것은 인간의 마음속에 있는 신의 목소리가 아니라 몇몇 사람의 목소리일 뿐이다.[74]

니체의 분석에 따르면 양심은 내 안에서 솟아나지 않는다. 도덕의 전략에 의해 주입된 결과물이다. 누군가의 목소리를 듣고 두려움 혹은 불안감을 느낀다면 그 정서는 어찌할 수 없다. 하지만 자신이 왜 그런 감정을 느껴야 하는지, 혹시 그 목소리 이면에 다른 의도는 없는지 의심해 볼 수는 있다.

결혼은 했지만 자녀를 낳지 않은 사람이라면 '아이가 없으면 나중에 부부 사이의 끈이 약해진다'는, 자녀를 한 명 키우는 부부라면 '아이가 외로움을 타니 두 명은 낳아야 한다'는 등 주변에서 쏟아내는 충고 아닌 충고를 들을 수 있는데 이때 자기 자신에게 물어보자. '이 말을 따르지 않으면 정말 큰일이 벌어질까?'

이런 목소리가 주변에 넘쳐나니 휘둘리지 않는 삶을 살기란 당연히 어려운 일이다. 하지만 니체의 관점에서 봤을 때 이 목소리는 모두 두려움과 불안함을 이용해 남을 조종하려는 전략이다. 하지만 진실은 다음과 같다. 내가 큰일이라고 해석하면 큰일인 것이고 아무렇지도 않다고 여기면 아무 일도 아닌 것이다.

그러니 이제는 니체의 말대로 **양심, 도덕, 규율, 신의 목소리** 등을 모두 **배제한 채 자신의 목소리를 한번 들어보자. 니체가 원하는 건 두려움 없는 삶이 아니다. 두려움이라는 감정을 당당히 딛고 선 자유다. 자신의 목소리를 듣는 것만이 진정한 자유를 향해 내딛는 용기 있는 첫걸음이다.**

적당한 가면을 쓰는 법

용기는 타인과 도덕, 기존 질서에 휘둘리지 않고 나답게 살아가기 위해 꼭 필요한 덕목이다. 하지만 용기를 낸다 해도 여전히 문제는 남는다. 외부에 순종하지 않는 태도가 때로 타인에게 무례해 보일 수 있기 때문이다.

회식 자리에서 사장님이 요즘 고생이 많다며 따라주는 술에 단호한 표정으로 "저 술 못 마십니다" 하고 손사래를 친다면 분위기가 얼마나 싸늘해질까. 그보다는 잔만 받아놓고 다 함께 건배한 후 술을 좋아하는 동료에게 슬쩍 밀어줄 수도 있을 것이다. 비건 채식인인데 선물받은 한우를 그대로 반송하면 호의와 비용을 들인 상대방은 얼마나 무안해질까. 나중에 다시 만났을 때 사실 저는 채식주의자지만 다른 가족들이 맛있게 먹었다고 이야기하는 편이 낫지 않을까. 용기 있게 거절의 의사를 표명하더라도 말의 어조나 태도에 따라 상대는 나를 미워할 수도 아닐 수도 있다.

니체는 자신의 고매한 철학과 삶의 방식이 보통 사람에게까지 공감을 일으킨다고 생각하지 않았다. 그래서 그는 모든 것을 솔직하게 말할 필요는 없다면서 '가면'을 이야기했다.

모든 심오한 정신에는 가면이 필요하다. 주변에서 그의 모든 말과 행동을 끊임없이 잘못 해석하기 때문이다.[75]

또한 니체는 낡은 포도주 통처럼 살라는 말도 했다. 오래 숙성된 귀한 포도주가 안에 있더라도 그것을 보관하는 통은 낡고

초라하다. 포도주의 진정한 가치를 아는 사람도 있지만 겉모습만 보고 무시하는 사람도 있을 것이다. 마찬가지로 남들이 자신의 내면을 모르고 무시하더라도 상처받지 말라는 것이다.

가면과 포도주 통의 비유에서도 느껴지지만 니체는 인간관계에서 확실히 적지 않은 상처를 받은 듯하다. 동료나 친구가 자신의 철학이나 진심을 완전히 이해해 주리라는 기대는 접은 것처럼 보인다. 하지만 가면을 쓰고 포도주 통처럼 살라는 말이 거짓말을 하라는 뜻은 아니다. 얼굴을 가리는 것과 사기를 치는 것은 다르다. 가면과 포도주 통은 단지 본모습을 가리고 있을 뿐이지 왜곡은 아니며 왜곡으로 받아들이는 사람이 있다면 그것은 받아들이는 사람의 책임이다.

실제로 니체의 삶을 다룬 전기를 보면 그는 냉정한 문체와 달리 타인에게 무례하지 않고 오히려 예의가 발랐던 것으로 보인다. 그가 쓴 편지글은 대체로 친절하며 공손하다. 그의 철학이 기존의 질서에는 삐딱했는지 몰라도 현실에서 타인을 대하는 자세에 똑같이 반영되지는 않았다. 그러니 용기를 강조한 그가 무례했을 거라고 오해하지는 말자.

홀로 사색하는 시간이 많았던 철학자 니체도 그랬는데 하물며 사회생활에 치여 사는 우리에게는 융통성 있는 전술이 더욱 필요하지 않을까. 나답게 살아가도록 용기를 내되 속내를 어느 정도 드러낼지는 자신이 처한 상황에 따라, 각자의 삶의 감각에 따라 선택해야 한다. 커밍아웃처럼 사실을 드러낼지 아니면 가면을 쓸지는 본인의 선택이다. **상대방을 좋아하고 미워하는 감정은 정말로 자유지만 그 감정을 드러내는 전략만큼은 영민해질 필요가 있다.** 적당한 가면을 쓰기 위한 두 가지 태도를 이야기하고 싶다.

하나는 침묵이다. 알고 있는 모든 것을 말할 필요는 없다. 나라는 포도주 통에 정말 귀한 포도주가 담겨 있더라도 그 사실을 남에게 인정받아야만 하는 건 아니다.『논어』또한 "친구가 나를 알아주지 않아도 성내지 않으면 군자가 아니겠는가"라고 말하고 있다. 알아주면 고맙지만 알아주어야 사실이 되는 건 아니다. 니체는 알아주지 못하는 상대를 만났을 땐 그냥 무시하라면서 '웬만하면 스쳐 지나갈 줄 아는 것이 더 큰 용기'[76]라고 이야기한다.

다른 하나는 매너다. 나의 미감이나 감정을 드러낼 때 혹은 상대를 때리고 싶은 분노를 느낄 때 조금 더 우아한 태도를 취할 수 있다. 상대의 기분을 자극해 굳이 나를 미워하게 만들지 않고도 내 입장을 관철할 수 있다면 그것이야말로 가장 훌륭한 가면이자 노하우가 아닐까. 니체를 만나 미움받을 용기를 가졌다고 해도, 그 용기를 실천하면서 미움받지 않을 수 있다면 가장 좋은 이기주의 전략이 될 것이다.

니체
처럼 ——— 용감해지기

니체는 도덕과 종교가 만들어낸 전략에 순종해서는 안 되며 자신이 원하는 삶을 위해 용기를 내야 한다고 말한다. 용기를 낸다는 건 타인의 시선과 미래에 대한 두려움에서 벗어날 수 있다는 뜻이다. 설령 도전에 실패하더라도 용기 내지 않는 삶보다 낫다고 니체는 보았다. 아래 내용을 통해 용기 있게 살아가기 위해 무엇이 필요한지 니체식으로 생각해 보자.

- 스스로 뭔가를 꼭 해야 한다거나 하지 않아야 한다고 생각하는 것이 있는가?

- 그것이 남의 시선에 대한 두려움, 미래에 대한 두려움에서 비롯되지는 않았는가? 만약 이 질문에 답하기 어렵다면 그것이 지금 당신의 인생에서 무엇을 희생시키고 있는지 생각해 보자.

- 무언가에 용기 있게 도전했다가 실패한 적이 있는가? 좋지 않은 결과가 당신에게 어떤 감정을 남겼고 어떤 기억으로 남아 있는지 생각해 보자.

용기는 두려움 이후의 반응이고
실패를 배제하지 않는다.
용기 있는 삶은
싫은 것을 싫다고 말할 수 있고,
위험을 선택할 수 있고,
양심의 가책에서 자유로울 수 있는 삶이다.

니체는

'증오와 질투를 부끄러워하지 말라'며

싫은 감정을

애써 억눌러서는 안 된다고 말한다.

니체를 만났다면

이제 싫은 인간은 마음껏 미워해도 된다.

미움

제대로 미워하고
인생의 활력을 얻어라

Nietzsche, the First Psychologist: Live for No One but Yourself

증오와 질투를 부끄러워하지 말라

  미움, 원한, 증오, 분노, 혐오… 싫어하는 마음은 어떤 정서보다도 더 풍성한 언어로 표현된다. 우리가 일상에서 느끼는 수많은 감정 중 미움이 그만큼 큰 부분을 차지하기 때문이 아닐까. 그래서인지 문학, 영화, 드라마에서도 미움이라는 감정을 빼놓고는 스토리가 전개되지 않는다.

  누군가를 미워할 때는 평온하고 차분한 마음이 흐트러진다. 평정심을 목표로 한 중세의 스토아학파는 상대가 나를 욕하고 내게 해를 끼치는 상황에서도 아랑곳하지 말라고 요구한다. 스토아학파에 따르면 우리는 스스로 할 수 있는 일과 할 수 없는 일을 구분해야 한다. 그리고 할 수 없는 일에는 불안이나 두려움을 가질 필요가 없다. 누군가가 나를 싫어한다 해도 그 감정

미움

은 그 사람의 자유이고 내가 어찌할 수 없으므로 굳이 잘잘못을 따질 필요가 없다. 스토아학파의 대표 주자인 마르쿠스 아우렐리우스는 "우주는 변화이고 삶은 그에 대한 의견"이라는 명언을 남겼다. 남이 나를 어떻게 대하든 나는 내 방식대로 차분히 반응하면 된다는 것이다.

동아시아의 유학에도 '응사접물應事接物(어떤 사태에 응하고 접한다)'이라는 비슷한 말이 있는데 '응접하다'는 말이 여기서 나왔다. 누군가가 나에게 화를 낸다면 나는 그런 사태를 응하고 접할 뿐이고 나까지 화를 낼 필요는 없다. 아무 말 없이 웃으며 넘어갈지, 혹시나 있었을 나의 잘못을 반성하고 사과할지는 모두 나의 이성적인 선택에 달려 있고 내 감정은 동요할 필요가 없다. 이처럼 스토이즘이나 유학은 자신이 당한 모욕을 남 일 보듯 하라고 권한다.

감정의 철학자인 니체는 다르다. 그는 '증오와 질투를 부끄러워하지 말라'[77]며 싫은 감정을 애써 억눌러서는 안 된다고 말한다. 니체에 따르면 자신을 저주하는 사람을 사랑하거나 축복하는 예수와 같은 태도는 인간적이지 못하다. 그에게 '인간적'인 것은 우리의 온갖 감정을 긍정하는 일이고 감정을 억압하는 도덕과 종교는 '비인간적'이다. 스토아학파와 유교의 평정심과는 거의 정반대로 생각했던 것이다.

그런가 하면 니체는 '충동'과 같은 강렬한 느낌을 좋아한다.

예를 들어 길을 가다 마주친 누구가를 당장 끌어안고 키스하고 싶다는 천박한 충동이 일었다고 하자. 그 충동을 실천에 옮기면 범죄자가 되겠지만 니체는 그 정서를 혐오하지는 않는다. 그 감정은 예술의 소재가 될 수도 있고 정신세계를 풍요롭게 하는 경험일 수도 있다. 그런 니체이기에 미움을 비롯한 여타 감정도 부끄러워하지 않는다.

니체를 만났다면 이제 싫은 인간은 마음껏 미워해도 된다. 양심의 가책? 니체의 심리학에서 배제되는 언어가 바로 양심이다. 선악의 경계를 넘나드는 니체가 선한 마음에 우월한 가치를 부여했을 리 없다. 그는 오히려 자연스럽게 솟아나는 감정을 억누르면 정신병에 걸린다고 경고했다. 정신 건강을 위해서라도 미운 사람은 미워하는 편이 낫다.

우리는 누구를 미워할까?

하지만 미움이라는 감정이 발생하는 메커니즘은 이해할 필요가 있다. 우리는 누구를 미워할까? 니체는 이렇게 답한다.

인간은 자기보다 낮아 보이는 이를 미워하지 않는다. 그가 미워하는 대상은 자기와 비슷하거나 더 높아 보이는 사람이다.[78]

수많은 사람을 미워하며 살았더라도 이런 분석을 해본 적은 없을 것이다. 니체의 말대로라면 **우리는 별 볼 일 없는 사람을 증오하지 않는다.** 그런 사람은 내게 잘못을 하더라도 무시하거나 경멸하면 되고, 또 잘못을 사과하면 포용할 수도 있다. 하지만 그가 경쟁자거나 뛰어난 사람이면 우리의 태도는 달라진다.

우월한 사람을 미워하게 되는 이유는 '꿀린다'는 속된 말처럼 나와 그 사람의 위치가 동등하지 않기 때문이다. 다음 문장을 음미해 보자.

뛰어난 사람이 친밀하게 대하면 상대방은 기분이 상한다. 왜냐하면 상대방은 그 사람을 친밀하게 대하기 힘들기 때문이다.[79]

나보다 잘난 사람이 다가와 우아한 태도로 호의를 베풀었다고 하자. 나는 그에게 쉽게 다가가지 못하고 쭈뼛쭈뼛한다. 심지어 '저 사람은 나 같은 존재는 신경도 안 쓸 거야'라는 열등감 때문에 말을 걸지도 못하고 위축된다. 그런 구도에서는 상대가 내게 잘못하지 않았더라도, 심지어 내게 호의를 베풀었더라도 그에게 모멸감을 느낄 수 있다. 친절과 아량은 승자의 허영심이 표출된 것일 수도 있기 때문이다.

니체는 우월한 상대에게 콤플렉스를 느낀 자기 경험을 토대로 이 글을 쓰지 않았을까? 혹자는 '왜 남의 친절을 곧이곧대로

받아들이지 않고 삐딱한 시선으로 보는 거야?'라고 생각할 수
있다. 그렇다. 니체는 많이 삐딱한 사람이다. 하지만 그런 만큼
겉으로 드러나는 인간 심리 이면의 진실이 무엇인지 의심하고
파헤칠 수 있었다. 그렇게 스스로 자부심을 가질 만한 심리학을
남겼으니 제법 쓸 만한 삐딱함이 아닌가.

노예의 미움이 아닌 주인의 미움을 택하라

지금 당신의 적은 누구인가? 당신을 불편하게 하고 사사건
건 당신 앞길을 가로막는 사람이 있는가? 그렇다면 그가 정말
미울 것이다. 보통은 마주하고 싶지 않아 하는 이런 감정 또한
니체는 삶의 활력이 될 수 있다고 말한다.

우선 적이 나를 괴롭히고 방해할 수 있는 이유는 힘을 갖고
있기 때문이다. 아무런 능력이 없는 존재는 어떠한 영향도 끼치
지 못한다. 그렇게 힘을 가진 사람이 나의 적으로 다가오는 상
황이라면 동시에 두 가지 감정이 든다. 하나는 미워하는 감정,
다른 하나는 일종의 경외심이다. 적의 역량이 대단할수록 '경외
심' 또한 커진다.

**니체는 기왕에 누구를 미워할 거라면 경외심이 드는 '훌륭한 적'
을 두라고 한다.** 적에 대한 경외심은 내가 스스로를 발전시키는

계기가 될 수 있기 때문이다. 니체는 이처럼 능동적으로 미워하는 태도를 '주인의 증오'라고 표현했다.

주인의 증오가 무엇인지 알아보기 전에 '노예의 증오'부터 살펴보자. 누군가를 원망할 때에 대부분 사람은 한 가지 감정을 개입시킨다. 바로 '그는 악이고 상대적으로 나는 선'이라는 인식이다. 이 심리가 과해지면 일종의 정의감으로 이어진다. '저렇게 악한 사람은 그냥 놔두면 안 된다'는 마음이다. 니체는 이런 정의감을 큰 문제로 보았다.

한 가지 예를 들어보자. 직장에서 계약 만료를 앞둔 누군가가 재계약 불가 통지를 받았다. 조직에 대한 분노로 가득 찬 그는 외부에 조직의 문제를 폭로하고 다니는 한편, 속으로는 이 모든 과정이 공익을 위하는 일이라고 생각하며 자신의 행동을 정당화한다. 이것이 약자가 정의감을 느끼는 과정이다.

약자가 위험한 정의감을 갖는 메커니즘

누군가에게 푸대접을 받는다 ▸ 나는 그를 푸대접할 힘이 없다 ▸ 그를 향한 원한이 커진다 ▸ 상대는 악이고 내가 선이다

'혐오 사회'라는 표현을 들어본 적 있을 것이다. 라이벌인 상대를 증오하고 박멸의 대상으로 여기면서 상대적 우월감을 느끼는 사람이 우리 사회에 많다. 예를 들어 선거를 앞두고 상대 진영을 비난하는 데 열을 올리는 이들 중 상당수는 다른 무엇을 위해서가 아니라 '상대가 설치는 모습을 보고 싶지 않다'는 이유로 논쟁에 달려든다. 맹목적으로 진영을 가르고 싸움을 벌이는 사람들은 상대가 없어지기를 바라는 것 같지만 정작 상대가 없어지면 스스로의 존재 이유를 상실할 것처럼 보인다. 건설적이지도 건강하지도 주체적이지도 않다. 상대를 욕하고 싸우면서 스스로의 존재 의의를 찾으려 하는 이들이야말로 니체가 경고한 '노예의 증오'를 이행하고 있다.

적과 싸우는 것을 삶으로 여기는 사람은 적이 생존을 유지하고 있는지에 관심을 갖는다.[80]

그렇다면 주인이 갖는 주체적인 증오는 무엇일까? 자신에게 활력을 주면서 자신을 성장시키는 증오다. 이런 증오심을 갖춘 사람은 미움의 정서를 힘에의 의지와 결부해 발전적으로 승화시킨다.

예를 들어 니체에게 영감을 준 쇼펜하우어는 당대 최고의 철학자이자 인기 교수였던 헤겔에게 알레르기에 가까운 거부감을 보였다. 무려 자신의 강아지 이름을 '헤겔'이라 지을 정도였다. 생의 철학을 구사하면서 인간 이성의 한계를 강조한 쇼펜하우어 입장에서 헤겔의 거대하고 난해한 철학 체계는 진실을 가리는 사기꾼의 모략처럼 들렸을 것이다.

쇼펜하우어는 대학 내에서 인기가 없었던 자신과 달리 헤겔의 강의실이 늘 학생들로 붐비는 모습을 보면서 열등감과 질투, 분노를 느끼지 않을 수 없었다. 그의 저술 곳곳에서 이런 불편한 감정을 발견할 수 있다. 그런데 헤겔을 향한 쇼펜하우어의 미움은 발전적인 방향을 향했고 실제로 나쁘지 않은 결과로 이어졌다. 헤겔과 같은 영광을 당대에 얻지는 못했지만 쇼펜하우어의 철학은 늦게나마 인기를 끌었고 지금 우리 사회에서도 쇼펜하우어의 책은 활발히 읽히고 있다.

이제 양심의 가책을 버리고 누군가를 마음껏 미워하자. 하지만 되도록이면 좀 더 멋지고 훌륭한 사람을 미워하자. 그리고 그 감정을 나의 발전을 위한 도구로 삼자.

니체의 적, 바그너

가족을 제외하고 니체의 삶에 가장 큰 영향을 끼친 인물 둘을 꼽으라면 쇼펜하우어와 바그너일 것이다.

대학에서 고전문헌학을 전공하던 니체는 서점에서 우연히 쇼펜하우어의 대표작인 『의지와 표상으로서의 세계』를 읽은 후 감명을 받고 '철학자 니체'로 변모해 갔다. 생의 철학, 힘과 의지의 심리학, 실존주의, 동양적 영원회귀 등 니체의 사상 전반에 쇼펜하우어가 영향을 끼쳤다고 할 수 있다. 「교육자로서의 쇼펜하우어」를 비롯해 니체는 자신의 글 곳곳에서 그를 언급하며 칭송해 왔다. 그러나 자신의 사상을 정립한 후기에는 그의 염세주의를 비판하는 대목도 보인다.

그럼에도 니체가 쇼펜하우어를 직접 만나지는 않았기 때문에 사상을 떠나 삶 전반에 걸쳐 가장 직접적이고 강한 영향을 주고받은 이는 단연 바그너였다. 「바그너의 경우」「니체 대 바그너」 등 아예 '바그너'를 제목으로 등장시키는 저작도 많다.

만남부터 아주 극적이다.[81] 니체는 어릴 때부터 음악에 조예가 깊어 피아노를 즐겨 쳤고 작곡 활동도 꾸준히 했다. 어느 날 그는 바그너의 오페라 〈트리스탄과 이졸데〉〈뉘른베르크의 마이스터징어〉를 듣고 엄청난 전율을 느끼게 된다. 그 후 자신을 지도하던 교수에게 이 감동적인 느낌을 전했는데 그 교수의 누이가 바그너를 만났을 때 니체라는 청년에 대해 이야기해 준 것이다. 당대 최고의 셀럽이었던 바그너는 서른 살이나 어린 학생이었던 니체를 자신의 모임에 초대했다.

바그너와 니체에게는 한 가지 공통 관심사가 있었다. 바그너가 당시 뒤늦게 인정받기 시작한 쇼펜하우어의 사상에 심취해 그의 철학을 음악으로 표현하려는 뜻을 품고 있었던 것이다. 말이 잘 통하지 않을 리 없던 이들의 인연은 니체가 여름 방학 내내 바그너의 집에 머물 만큼 각별한 관계로 이어졌다. 하지만 두 사람은 결국 갈라졌다. 훗날 니체는 바그너의 음악에 실망했고 여러 차례 비판했다. 바그너에게 열광했던 만큼 실망 또한 컸던 모양이다.

바그너에 대한 니체의 미움은 수동적인 노예의 미움과 거리가 멀다. **니체는 바그너를 좋아했을 때나 미워했을 때나 바그너를 극복하면서 자신의 사상을 발전시켰다.** 니체는 바그너의 초기 작품에서 힘에의 의지를 읽어내어 자기 철학의 모티브로 삼았다. 말기 작품에서는 의지의 몰락, 일명 데카당스décadence를 느끼면서 그것에 저항하는 철학을 심화했다. 그리고 바그너가 결국 기독교적 사랑의 주제로 돌아갔다고 판단한 니체는 그에 대한 반작용으로 자신의 책 제목이기도 한 '안티크리스트'의 입장을 더욱 확고히 다졌다.

사적으로도 둘의 관계는 말미가 좋지 않았다. 각자의 글과 음악의 대본을 우편으로 교환할 때까지는 분위기가 좋았으나 서로의 작품을 공개적으로 비난하며 끝났다. 특히 바그너는 과도한 자위행위가 니체의 건강에 영향을 주었다는 의견을 의사에게 말했는데, 이런 민망한 내용이 후에 공개되어 니체의 증오심이 더욱 커졌다.

바그너와 니체라는 역사 속 두 거장이 끝까지 좋은 관계를 유지했다면 더 좋지 않았을까? 그랬다면 좋았겠지만 그렇지 않았다고 해서 나쁠 건 없다. 니체는 자신과 바그너의 관계를 '별들의 우정'이라고 표현하며 멋진 글을 남겼다.[82]

"우리는 친구였고 지금은 멀어졌다"로 시작하는 이 글은 이렇게 마무리된다.

"우리 별들의 우정을 믿어보자. 비록 지상에서는 적이 될 수밖에 없다고 하더라도."

둘은 서로를 좋아했고 미워했고 비난했고 때로 분노했다. 그러나 바그너는 니체에게 '훌륭한 적'이었다. 모든 별은 각자 빛나면서 자신만의 이기적인 길을 간다는 니체의 믿음처럼 별과 별은 서로에게 양보할 필요 없이 때로 충돌할 수 있다. 그렇게 각자의 길을 가는 것만으로도 충분히 아름답다.

우리는 살아가면서 적을 만날 수밖에 없고 미움과 분노의 감정을 느낄 수밖에 없다. 미움과 분노가 피할 수 없는 숙명이라면 그런 감정이 생길 때 니체와 바그너를 떠올리자. 니체에게 바그너, 바그너에게 니체와 같은 훌륭한 적을 만들자.

최근 바그너의 음악을 들으면서 니체와 바그너의 우정과 갈등에 대해 생각해 보았다. 미움을 의지로 승화한 것만큼이나 니체와 바그너의 관계를 특별하게 만드는 요소가 또 하나 있다.

서른 살이라는 두 사람의 나이 차이다. 한국 사람들은 대개 열 살만 차이가 나도 우정이라는 이름을 붙일 수 없다고 생각한다. 훌륭한 적을 만들기 위해서, 또 별들의 우정을 위해서 이런 고정관념부터 버리는 게 어떨까.

건강한 인간관계에 대한 니체의 조언

모든 위로 가운데 이것보다 위로가 되는 말은 없다.
"어떤 위로도 도움이 되지 않으리라는 걸 알아."
이 말은 다른 위로와는 달라서 상처받은 이의 고개를 들게 만든다.[83]

모든 사람에게 친절을 베푸는 사람이 원하는 것은 한 가지다. 그는 누구에게도 상처받길 원하지 않는다. 하지만 그것은 비겁하다.[84]

고통받는 친구가 있다면 그대가 친구의 안식처가 되어라. 하지만 야외에서의 딱딱한 침대 같아야 한다. 그래야 친구에게 도움이 될 것이다.[85]

이제부터는 미워할 때 주의해야 할 몇 가지를 알아보자.

먼저 니체는 인간관계에서 스스로를 미워하는 사람들을 멀리하라고 한다. 후회와 자책이 많은 사람을 위로하고 격려하는 게 주변인의 바람직한 역할이 아닐까? 하지만 행복해지려면 기꺼이 적도 둘 수 있어야 한다고 믿는 니체가 아닌가. 그는 우리가 약해 빠진 사람과 가까이하지 않기를 바란다. 측은지심의 발동은 스스로의 시간을 낭비하는 일일 뿐이라고 생각하기 때문이다.

스스로를 증오하는 사람을 멀리하라. 왜냐하면 우리는 그의 분노와 복수의 희생양이 될 수도 있기 때문이다.[86]

스스로를 혐오하는 사람의 증오는 불똥이 어디로 튈지 모른다는 말이다. 일명 분노조절장애를 겪는 것처럼 보이는 사람은 대부분 자기 자신을 혐오한다. 스스로를 학대하며 괴롭히기 바쁘다가 심기를 불편하게 하는 사람이 있으면 분노의 화살을 바깥으로 돌린다. 그래서 아무리 착하더라도 콤플렉스가 강한 사람은 멀리하는 게 낫다. 니체는 차라리 자기애로 가득한 당당한 적, 힘에의 의지에 충실하면서 이기적으로 살아가는 적을 가지라고 말한다.

둘째, 누군가에 대한 미움으로 스스로를 무너뜨리면 곤란하다.
누군가를 싫어하는 마음이 주체가 안 될 때는 니체의 다음 조
언을 떠올리자.

> 자신의 적을 죽이려는 사람은 우선 생각해 보아야 한다. 그럼으
> 로써 그 적이 자신의 내면에서 영원히 죽지 않는 것은 아닌지.[87]

> 괴물과 싸우는 사람은 자신도 괴물이 되지 않도록 유의해야 한
> 다.[88]

증오는 상대가 쉽게 사라지지 않을 때 특히 격하게 불타오른
다. 매일 마주해야 하는 직장 상사가 밉다면 그를 볼 때마다 분
노에 사로잡히다 어느 순간 그 분노를 통제하기 어려운 지경에
이를 것이다. 그런가 하면 요즘에는 이른바 '역파놉티콘'이 형
성되어 있어서 권력이 없는 사람도 쉽게 당하지는 않는다. 욕설이
나 폭력적인 언동은 스마트폰을 통해 쉽게 증거물로 포착되고
'갑질'이라는 위협적인 언어로 권력자에게 되돌아간다. 모두 니
체의 뒤를 이은 푸코가 이야기했던 '힘의 그물망'에서 밀고 당
기는 권력 싸움이다.

자신도 모르는 사이에 증오가 마음을 좀먹어 스스로 괴물이
되어버린다면 증오를 활력으로 사용하지 못하는 것이다. 그러

니 미움, 증오의 감정을 긍정하되 일정 선은 넘지 말자. 이기적인 관점에서 나를 훼손하는 증오심은 멈추어야 한다.

셋째, 누군가와 사랑하다가 헤어졌다고 해서 미워할 필요는 없다. 연인 관계가 끝났을 때 '더 이상 사랑하지 않음'이 '저주'나 '증오'로 연결되는 경우를 종종 보게 된다. 가까웠던 사이일수록 멀어짐을 받아들이기 어렵기 때문일 텐데 니체는 그럴 필요가 없다고 조언한다.

> 누군가를 사랑하지 않는다고 곧바로 저주해야 하나? 그럴 필요는 없다. 당신이 충분히 사랑했다면 사랑받지 못했다고 그렇게 화를 내지는 않았을 것이다.[89]

니체는 헤어진 연인에 대한 증오심은 그를 충분히 사랑하지 않았기 때문에 생긴 결과라고 본다. 설령 배신감으로 끝난 관계일지라도 그를 미워하지 않을 수 있다는 것인데 애초에 손해 보지 않는 사랑만 할 수는 없다는 뜻이기도 하다.

물론 겪어보지 않은 모든 상황에 이 조언을 적용하기는 어렵다. 다만 니체는 사랑 앞에 조금 더 차원 높은 자세, 이를테면 바다나 큰 강물처럼 넓은 감정을 요구한다. '후회' 장에서 본 것처럼 니체는 절대로 자신의 과거를 후회하지 않는다. 후회하지 않기 때문에 좋았던 시절의 기억을 추억으로 간직할 수 있고 그래서 상대에 대한 증오도 멈출 수 있다.

이별을 어떻게 하는지도 '습관'의 영역이다. 헤어진 연인과 좋은 친구로 남지는 못하더라도 그를 사랑했을 당시를 애틋하게 기억하는 습관이 있는 사람을 나는 좋아한다. 헤어질 때마다 원수가 되어버리는 것도 습관이고 이직할 때마다 남아 있는 누군가를 증오하며 떠나는 태도도 습관이다.

논리적으로 보아도 니체의 말은 옳다. 사랑과 미움 사이에는 사랑하지도, 미워하지도 않는 밋밋한 감정의 공간이 있다. 사실 이 공간이 사랑과 미움의 공간보다 훨씬 더 넓다. '사랑한다'의 부정은 '사랑하지 않는다'이고 '사랑하지 않는다'는 '미워하다'와 함께 '사랑하지도 미워하지도 않는다'를 포함한다. 감정이 반드시 극과 극으로 치달을 필요는 없다.

사랑과 미움 사이

사랑한다 ─ 사랑하지도 미워하지도 않는다 ─ 미워한다

여섯 번째 마음 수업

니체에 따르면 누군가에 대한 사랑의 감정은 사실 '자신의 힘을 발휘하려는 의지'를 그럴싸하게 포장해 놓은 이름에 불과하다. 모든 감정은 결국 나의 의지와 남의 의지가 상호 작용한 결과일 뿐이다. 특정한 관계와 상황에 놓였다고 해서 나의 의지를 훼손할 필요는 없다. 사랑에도 미움에도 너무 집착하지 말자. 그것이 결국 나를 지키는 길이다.

이기적으로 사랑하고 미워하기

사랑과 미움은 한 쌍으로 이야기된다. 실제로 이들은 다른 듯 닮은 대칭 관계에 있다. 예컨대 누군가를 미워하다가 자신도 모르게 괴물이 되기도 하지만 열렬히 사랑하면서도 자신을 잃어버릴 수 있다. 헤르만 헤세의 『데미안』에는 이런 문장이 나온다.

"그는 사랑하면서 자기 자신을 발견했다. 그러나 대부분의 사람은 사랑하면서 스스로를 잃어버린다."

미움은 그렇다 쳐도 어떻게 사랑을 하다 자신을 잃어버릴까? 그리고 사랑은 남을 향한 감정인데 자신을 발견한다는 건 또 무슨 말일까?

흔한 사례가 있다. 어릴 때부터 모범생으로 동네에 칭찬이 자자했던 한 여성이 대학에 들어와 한량 기질이 있는 남성을 만났다. 사랑에 빠진 그녀는 난생처음 수업을 무단으로 빠지기 시작하더니 급기야 F가 줄을 잇는 성적표와 앞자리가 바뀐 카드 명세서를 받아 든다. 생경한 성적표와 명세서에 깜짝 놀란 그녀의 부모님이 지방에서 급히 상경하는 일까지 벌어졌다.

우수한 성적표를 잃고 난잡한 명세서를 얻은 그녀는 사랑의 과정에서 자신을 발견했을까, 잃어버렸을까? 답은 자신만이 알고 있을 것이다. 어쨌든 지금 그녀는 그 남성과 가정을 이루어 잘 살고 있다.

다시 『데미안』으로 돌아가면, 싱클레어가 베아트리체라는 여인을 짝사랑하면서 자신을 발견하는 이야기가 나온다. 베아트리체는 싱클레어가 지어낸 이름일 뿐 둘은 말 한마디 나눠본 적 없는 사이다. 젊은 날 그는 길에서 우연히 본 그녀에게 강한 사랑의 충동을 느꼈고 집에 와서 그녀의 얼굴을 떠올린 후 그림을 그려 책상 위에 붙여놓았다.

그런데 어느 비 내리는 날 방 안으로 들이친 바람에 그림이 바닥에 떨어졌다. 싱클레어는 빗물에 젖어 번진 그림을 골똘히 보다가 불현듯 그 얼굴이 자신이 아는 누군가를 닮았다고 느낀다. 도대체 누구인가 한참을 고민하던 그는 이내 깜짝 놀라며 이렇게 고백한다.

"조금씩 이것이 베아트리체가 아니라 나라는 느낌이 들었다. 그 그림은 나를 닮지 않았고 그래야 한다고 느꼈던 것도 아닌데 말이다."

소설 속 이야기니 말도 안 되는 상상을 썼다고 할 수도 있다. 하지만 헤세는 이 대목에서 분명히 전하고 싶은 메시지가 있었다. **사랑은 다른 사람을 상대로 하는 감정 같지만 실은 그 사람 안의 또 다른 자신을 사랑하는 감정이라는 것이다.**

똑같은 원리가 미움에도 적용된다. 『데미안』에는 싱클레어의 멘토 피스토리우스가 싱클레어에게 미움의 감정에 대해 조언하는 장면이 나온다.

"네가 죽이고 싶은 사람은 결코 특정한 누군가가 아니야. 누군가를 미워할 때, 우리는 그의 모습에서 우리 안에 있는 무엇을 발견하고 미워하는 거야. 우리 안에 있지 않은 건 결코 우리를 자극하지 않거든."

사랑한 만큼 행복해지지만 그만큼 상처받고 미워하게 된다는 걸 우리는 경험으로 알고 있다. 헤어진 상대를 용서하기 어려운 까닭은 그 사람을 너무나 사랑했기 때문이다. 사랑과 미움은 언뜻 보면 완전히 다른 감정 같지만, 다른 이에 들어앉은 나를 향한다는 점에서 공통 분모가 있다. 니체의 글에서도 비슷한 분석을 확인할 수 있다.

남의 장점을 보려 하지 않는 사람은 남의 단점을 더욱 날카롭게 주시한다. 그렇게 함으로써 자신이 그 단점을 갖고 있는 사람이라는 것을 드러낸다.[90]

자신에게 드문 것 혹은 아주 적게 소유하고 있는 것이 인간의 상상력을 자극하여 행복한 사람에 대한 상을 만들어낸다. 자신에게 전혀 없는 것으로부터는 아무 자극을 받지 않는다.[91]

'저 사람은 돈만 밝힌다'며 누군가를 비난하는 사람이 있다고 하자. 이 이야기대로라면 실은 자기도 부자가 되고 싶은 것이다. 어떤 연예인을 좋아하거나 싫어하는 사람은 그를 통해 자신의 얼굴을 보고 있는 것이다.

이처럼 헤세와 니체는 우리의 감정에 대해 같은 이야기를 한다. 다른 사람을 향한 사랑의 감정 그리고 미움과 시기, 질투의 감정은 모두 자신의 내면을 향하는 길이라는 것이다. 그러니 사랑과 미움의 길을 가느냐, 가지 않느냐는 아주 큰 차이를 낳는다. 그 길에서 자신을 잃어버릴 수도, 새로운 자신을 발견할 수도 있기 때문이다.

누군가를 사랑하면 할수록, 미워하면 할수록 공통된 결과에 도달한다. 바로 스스로도 몰랐던 자신을 만나게 된다. 이 관점을 놓치지 않는다면 우리는 누군가와의 만남과 이별을, 사랑과 미움의 감정을 두려워할 필요가 없다. 그것이 바로 니체를 알게 된 후 삶에서 실천할 수 있는 이기적으로 사랑하고 이기적으로 미워하는 길이다.

니체
처럼 ——— 미워하기

니체는 증오나 미움의 감정까지도 긍정했다. 다만 그 미움의 대상이 나보다 훌륭한 사람이어야 한다고 했다. 아래 내용을 통해 훌륭한 적을 만들고 나를 훼손하지 않는 미움을 어떻게 실천할 수 있을지 생각해 보자.

- 지금 나를 불편하게 하는 한 명을 생각해 보자. 직장 동료, 가족, 친구 등 누구든 될 수 있다.

- 그를 미워하는 이유 두 가지를 생각해 보자.

- 혹시 그가 당신이 갖지 못한 역량을 갖고 있는가? 그를 통해 배울 점이 있지는 않은지 생각해 보자.

- 배울 점도 없고 비굴한 자라면 니체의 조언대로 '그냥 스쳐 지나갈' 수 있는지 생각해 보자.

여섯 번째 마음 수업

증오, 질투, 복수심을 부끄러워하지 말되
가능하면 훌륭한 적을 미워하자.
또 미워하는 누군가에게서
자신의 모습을 발견할 수 있으면
그를 미워하면서도
스스로를 잃지 않을 수 있다.

아이러니하게도

지금 우리는 너무나 이기적인데도

스스로를 사랑하는 데는 더없이 인색하다.

앞으로 누군가에게

사랑의 감정이 솟을 때 스스로에게 물어보자.

그를 사랑하기 전에

나를 먼저 사랑할 수 있는가?

사랑

사랑은 소유욕이다

Nietzsche, the First
Psychologist: Live for No
One but Yourself

먼저 자신을 사랑하라

사랑만큼 다양한 방식으로 이야기되는 감정도 없을 것이다. 미움이나 분노처럼 누군가를 싫어하는 정서는 그 정도의 차이만 짚을 수 있을 뿐 감정 자체의 미묘한 차이에 대해서는 설명할 내용이 많지 않다.

하지만 사랑은 정신적인 사랑(플라토닉)과 육체적인 사랑(에로틱)이라는 구분에서 알 수 있듯이 철학에서도 '정신과 몸'이라는 거창한 테마를 형성하고 있고 사랑의 대상도 자신, 가족, 연인, 친구, 이웃, 자연에 이르기까지 무수히 많다. 당연히 심리학에서도 다루기 까다로운 감정인데, 이 장에서는 주로 연인 간의 사랑에 대해 다루려고 한다.

우리는 '사랑'이라는 말을 영화나 드라마, 소설, 가요 등에서 너무 흔하게 보고 듣지만 현실에서 직접 표현하는 일은 극히 드물다. 금요일 밤 술집마다 빼곡히 들어앉은 사람들이 다른 사람을 향한 미움과 분노를 토해내는 모습을 떠올려보면 사랑은 이상이자 동경이고 예술 작품이나 미디어에서 사용되는 언어이지 실제 우리 삶에서는 만나기 어려운 정서인지도 모른다.

혹자는 꽤 많은 사람을 사랑하며 살아왔다고 생각할 수 있다. 하지만 혹시 일기를 쓰는 사람이라면 일기장을 들여다보자. 살면서 얼마나 많은 사람을 사랑했는가? 얼마나 많은 사람을 미워했는지와 비교해 보면 차이가 두드러질 것이다. 니체도 이렇게 말했다.

왜 우리는 그토록 사랑을 강조하고 우상화해 왔을까? 인류는 실제로 사랑이라는 음식을 조금밖에 맛보지 못했고 충분히 즐긴 적이 없었기 때문이다.[92]

이처럼 사랑에 인색한 우리가 사랑하면서 살고 싶다면, 가장 먼저 그 감정을 쏟아낼 대상은 누구일까? 니체는 이렇게 답한다.

그대들은 언제나 이웃을 자신처럼 사랑하라. 하지만 우선 자기 자신을 사랑하는 자가 돼라.[93]

일곱 번째 마음 수업

"네 이웃을 네 몸과 같이 사랑하라"라는 성경 구절을 패러디한 문장이다. 요즘 말로 하면 '남 걱정 말고 너나 신경 써' 정도되겠다. 이는 단순히 자기만을 사랑하고 남에게 신경은 끄라는 의미가 아니다. **니체가 자기애를 강조한 까닭은 그렇지 않을 경우 남에게, 혹은 사회의 분위기에 휘둘리는 삶을 살아갈 수밖에 없다고 보았기 때문이다.**

니체 역시 "자기를 사랑하는 일은 섬세함과 인내심을 필요로 하는 궁극의 기술"이라고 말한 것처럼 자기 자신을 사랑하는 일은 결코 쉽지 않다. SNS를 통해 타인과의 비교가 일상화된 오늘날에는 더욱 그렇다. 과거는 오직 해석의 영역이라고 이야기하며 '다른 자신을 원하지 말라'고 이야기한 니체의 가르침이 더욱 절실한 시점이다.

니체가 자기애를 강조한 이유가 한 가지 더 있다. 자기 사랑에서 출발하지 않은 사랑은 동정심, 즉 어설프고 위선적인 사랑으로 귀결되기 때문이다. 니체는 위대한 사랑은 동정심을 넘어서야 한다고 말한다.[94]

위대한 사랑과 동정심을 구분한 데서 알 수 있듯이 니체는 사랑에 대해 남다른 접근법을 갖고 있었다. "위대한 사랑은 사랑을 원하지 않는다. 그것은 그 이상을 원한다"[95]라고 말한 것만 보아도 알 수 있다. 그는 우리가 일상적으로 이야기하는 '연애 감정' 그 이상을 이야기했던 것 같다. 니체에 따르면 누군가 나를 사랑하지 않는다 하더라도 나는 그를 사랑할 수 있고 변화시킬 수 있다. 다만 그런 차원 높은 사랑도 스스로를 먼저 사랑해야만 가능하다. 다음의 문장들은 모두 같은 이야기를 하고 있다.

이기심 없는 자세는 아무짝에도 쓸모가 없다. 위대한 사랑을 하려면 오직 강하고 능력 있고 굳건한 영혼의 토대를 갖추고 있어야 한다.[96]

사람은 우선 자신의 두 다리로 단단히 설 수 있어야 한다. 그렇지 않으면 결코 남을 사랑할 수 없을 것이다.[97]

병든 사랑은 자기애조차 악취를 풍긴다. 인간은 '건전하고 건강한 사랑'으로 스스로를 사랑하는 방법을 배워야 한다.[98]

흩어지는 모래 위에 쌓은 성이 손쉽게 무너지는 것처럼, 자기에 대한 사랑이라는 굳건한 기반이 없다면 타인에 대한 사랑 또한 불가능하다. **그동안 우리는 사랑의 방향과 순서에 대해서 잘못 배웠다.** 남에게 사랑받은 사람만 자신을 사랑할 수 있는 것이 아니라, 나를 사랑하는 사람이 다른 이도 사랑할 수 있다.

아이러니하게도 지금 우리는 너무나 이기적인데도 스스로를 사랑하는 데는 더없이 인색하다. 앞으로 누군가에게 사랑의 감정이 솟을 때 스스로에게 물어보자. 그를 사랑하기 전에 나를 먼저 사랑할 수 있는가?

사랑은 소유욕이다

최신 아이폰을 갖고 싶다고 하자. 그것은 아이폰을 향한 소유욕이면서 일종의 사랑 비슷한 감정이다. 이제 대상을 사람으로 바꿔보자. '그를(그녀를) 갖고 싶다' '그의(그녀의) 사랑과 관심을 독점하고 싶다' '그가(그녀가) 나만을 생각하기를 원한다'와 같은 심리는 상대를 향한 일종의 소유욕이지만 그와 같은 끌림을 사랑이라 부르기도 한다. 약간 끌리면 좋다고 하고 많이 끌리면 사랑한다고 표현하지 않는가.

니체 또한 사랑과 소유욕을 근본적으로 구분하지 않았다. 두 가지 감정은 사뭇 다른 느낌을 주지만 "같은 충동의 다른 이름일 수도 있다"[99]라고 말한다.

앞서 소개한 키르케고르의 작품을 생각해 보자. 요하네스는 온갖 노력을 기울여 냉담했던 코델리아의 마음을 빼앗고 육체를 취했지만 곧바로 그녀를 버리지 않았던가. 코델리아를 향했던 요하네스의 강렬한 소유욕은 그녀를 가지기 전까지만 유효했다. 니체가 이야기한 사랑은 고작 그런 것일까?

낭만적인 환상을 걷어내고 사랑이란 무엇인지 냉정하게 생각해 볼 필요가 있다. 보통은 자신과 닮은 점이 많은 사람을 사귀고 싶어 한다. 하지만 아무리 자신과 맞는 사람을 만나려고 노력해도 두 사람은 완전히 다른 존재임을 이해해야 한다. 니체는 다음과 같이 사랑을 정의했다.

사랑은 무엇인가? 그것은 두 사람이 서로 다르고 심지어 정반대의 방식으로 느끼고 행동한다는 사실을 이해하고 기뻐하는 일이다.[100]

니체의 정의가 사실이라면, 상대와 내가 너무 다르다는 느낌을 받을 때는 어느 시의 제목처럼 '그대가 곁에 있어도 나는 외롭다'는 생각을 하기 전에 다음과 같이 이기심을 기준으로 사랑에 대한 관점을 바꿔봐야 한다.

한 사람은 공허함을 느끼고 이 감정이 채워지길 바란다. 다른 사람은 너무 많이 채워진 감정을 덜어내길 바란다. 둘은 각자의 목표를 얻기 위해 누군가를 찾게 되고 이 과정은 둘 다에게 '사랑'이라는 같은 언어로 표현된다. 다시 한번 생각해 보라. 사랑이 비이기적인가?[101]

일곱 번째 마음 수업

누군가는 자신이 가진 것을 나눠줄 대상을 찾고 있고 누군가는 자신에게 나눠줄 사람을 찾고 있다. 누군가는 자신의 이야기를 들어줄 사람을 찾고 있고 누군가는 자신에게 수다를 떨어줄 사람을 찾고 있다. 그렇다면 둘의 성격이 똑같지 않아도 궁합은 잘 맞을 수 있다, 둘의 바람이 톱니바퀴 맞물리듯 맞아떨어질 때 조화로운 사랑이 된다.

이상의 내용을 토대로 이해한 니체의 사랑은 이렇다. **사랑이란 맞는 게 별로 없는 이기적인 두 사람이 만나 서로를 소유하고자 하는 욕망이다.**

사랑이 이기심의 발로라는 점을 인정한다면, 우리는 상대에게 어느 정도의 요구를 할 수 있는지 이해하게 된다. 상대가 나를 위해 마냥 헌신하기를, 더 오래 기다려주기를 바라면서 나에 대한 사랑을 무리하게 확인받으려 하지 말자.

그보다는 나의 이기심만큼 상대방의 이기심을 존중하는 태도로 서로의 이기심을 조화시키는 게 좋다. 내게는 저 사람의 어떤 부분이 필요한가? 저 사람은 나의 어떤 점을 필요로 하나? 서로의 필요라는 이기적인 관점에서 사랑을 이해한다면 사랑 앞에 붙는 '무조건적인 희생'과 같은 환상을 걷어낼 수 있다. 상대는 내게 없는 것을 보완해 줄 수 있는 감사한 존재이며, 나는 그에게 없는 것을 충족시켜 주고 그에게 만족감을 주는 괜찮은 존재가 된다. '서로의 이기심을 위한 관계'의 다른 이름은 '한쪽의 일방적인 배려를 전제하지 않는 견고한 관계'이다.

착한 사람은 유혹할 수 없다

누군가 당신에게 매력적이라고 한다면 호감을 느낀다는 뜻
이고 매혹적이라고 한다면 약간은 성적인 매력을 느낀다는 뜻
이다. 어느 쪽이든 듣는 입장에서 불쾌하진 않을 것이다. 그리
고 매력적이고 매혹적인 사람은 남들의 주목을 받을 테니 접근
하기가 호락호락하지 않다.

한편 착하다는 말은 어떤 느낌인가? 쉽게 내 이야기에 공감
하고 나를 따르고 도와줄 것 같다. 대하기 까다롭지 않고 편안한
사람일 것이다. **그런 사람에게 한 가지 문제가 있다면 소유욕이
발동하지 않는다는 점이다.** 그저 착한 사람은 강렬한 사랑의 충
동을 일으키는 대상이 되기 어렵다. 그래서인지 착하다고 정평
이 난 사람들 중에는 그런 칭찬을 싫어하는 사람도 있다.

이제 니체에게 물어보자. 누가 다른 사람에게 강렬한 충동을
일으키는가? 어떤 사람을 만나야 못 견디게 사랑하는 감정을
느낄 수 있는가? 니체에 따르면 그런 충동은 내면의 여러 감정
이 복잡하게 얽힌 결과물이다.

한 여자를 향한 남자의 갑작스러운 정열은 어디에서 오는 것일까? 결코 육체적인 욕정 때문만은 아니다. 도움을 바라는 그녀의 '연약함'을 보았을 때 동시에 그녀에게서 '오만함'을 보았을 때 그녀에게 정열을 쏟고 싶은 감정이 일어난다. 즉, 그녀에게서 공감과 모욕을 동시에 느끼는 지점이 위대한 사랑의 원천이 된다.[102]

이 분석에 따르면 강렬한 사랑의 충동은 단순한 호감도 아니고 가슴 따뜻해지는 공감은 더더욱 아니다. '연약함'과 '오만함'이라는 상반된 이미지가 동시에 느껴지고 충돌할 때 상대에게 강력한 끌림을 느끼게 된다.

눈길을 끄는 누군가의 오만한 이미지를 떠올려보자. 만나고 싶고 사귀고 싶고 머릿속에서 떠나지 않는 그 사람이 내 앞에서 건방진 행동을 하면 모욕감이나 열등감이 느껴질 수 있다. 그런데 그런 감정이 사랑의 원천이라니! 니체의 심리학은 이처럼 늘 단일한 감정에 그치지 않고 복수의 감정을 조합한다는 특징이 있다.

강렬한 사랑의 원천

매력적인 외모 + 연약함과 같은 '공감' + 오만함과 같은 '모욕감'
→ 강렬한 끌림

이번에는 반대로 나에게 잘해주지만 끌리지는 않는 누군가를 떠올려보자. 그 착한 사람은 언제나 나를 위하고 아껴준다. 자기 잘난 줄 알고 살던 내가 남들에게 버림받을 때 끝까지 나를 기다려줄 사람이다. 얼마나 고마운 사람인가? 그러나 그 사람을 소유하고 싶을지는 의문이다. 이미 나의 소유와 다를 바 없는데 어떻게 더 소유하고 싶다는 욕심이 생기겠는가? 이처럼 **소유하고 싶은 마음은 쉽게 소유되지 않는 대상을 향한다.**

니체는 한 걸음 더 나아가 상대에게 배신의 가능성을 심어줄 수 있어야 한다고까지 말한다.

어떤 상황에서 자신에게 단검을 겨눌지도 모른다는 느낌을 주지 않는 여자가 우리를 사로잡을 수 있을까?[103]

배신의 가능성이 느껴지지 않는 이성은 매력적이지 않다는 말이다. 다시 말해 누군가를 강렬하게 끌어당기기 위해서는 자신이 그 사람의 소유가 아니라는 느낌을 줄 수 있어야 한다. 간혹 우리 주변에도 마냥 착하기보다 조금은 나쁜 상대에게 끌린다는 사람이 있다. 결혼은 착한 상대와 하고 연애는 나쁜 상대와 해야 한다고 말하는 사람도 있다. 니체의 말대로라면 상대를 위하는 헌신적인 자세는 그 사람에게 감동을 줄 수는 있지만 그 사람을 사로잡을 수는 없다. 착한 사람이 되면 원하는 사랑을 얻을 수 있다는 말은 거짓말이다.

섹스와 섹슈얼리티

사랑할 때 겪는 정서의 변화 중 가장 큰 부분은 육체적인 데서 온다. 미각, 촉각과 같은 감각기관의 반응을 중요하게 여겼던 몸의 철학자 니체가 이 부분을 간과했을 리 없다. 그는 육체의 욕망에 대해 이렇게 말했다.

성욕을 경멸하지 말라![104]

육체의 욕망을 죽였다고 믿는 이들은 스스로를 속이는 것이다.

그 욕망은 기묘한 흡혈귀의 형태로 계속 살아 있으며 혐오스러운 가면을 쓰고 그들을 괴롭히고 있다.[105]

기독교는 에로스를 경멸하여 독을 탔다. 하지만 에로스는 죽지 않고 대신 악으로 전락했다.[106]

성욕은 없애려 한다고 없어지지 않으며 핍박할수록 오히려 생명력을 얻는다는 설명이다. 니체는 에로스를 악으로 규정하려는 기독교의 가르침에 맞섰고 육체적인 사랑을 긍정했다.

에로스에 대한 니체의 접근을 이해하기 위해 먼저 섹스와 섹슈얼리티라는 용어를 짚고 가자. 섹스라는 말은 남성, 여성, 성소수자처럼 성별을 구별할 때 쓰이고 때로는 성교 행위 자체를 의미한다. 한편 섹슈얼리티는 더 넓은 개념이다. "너는 어떤 이성을 좋아해?"와 같이 성적 취향을 묻는 질문부터, 성행위 시의 특징 등 성에 대한 담론(이야기)을 모두 포괄한다.

지금은 고인이 된 연세대 국문과 마광수 교수가 구속되는 일이 있었다. 그는 일찍이『나는 야한 여자가 좋다』라는 도발적인 제목의 책으로 논란을 일으켰고『가자, 장미여관으로』를 거쳐『즐거운 사라』에 이르자 국가가 나서 그의 집필을 가로막았다. 세 도서의 제목을 이어보면 '섹시한 이성과 은밀한 곳에 들어가서 즐기고 싶다'인데 노골적으로 들릴지 몰라도 부정하기 어려운 인간의 원초적인 욕망이다. 하지만 '교수가 풍기 문란을 조장한다'는 전근대적인 죄명으로 개인을 사회와 격리하던 모습이 21세기를 앞둔 우리 사회의 현실이었다.

마 교수는 니체처럼 인간의 성욕을 긍정하면서 이를 억압하는 기존의 도덕에 맞섰다. 정신적으로 사랑해야 육체적인 관계를 맺을 수 있다고 본 기존의 통념과 반대로 육체의 궁합이 맞아야 정신적인 사랑도 진전된다고 했다. 이는 "성적 취향이 인간의 정신에 영향을 끼친다"[107]라는 니체의 말을 연상시킨다. 두 사람은 성경을 패러디하는 면모 또한 비슷했다. 마 교수는 대학의 교훈인 "진리가 너희를 자유케 하리라"를 "자유가 너희를 진리케 하리라"라고 거꾸로 말하곤 했는데 니체의 말이라고 해도 과언이 아닐 정도다.

마 교수가 니체에게 영향을 받았는지는 모르겠으나 20세기 포스트모더니즘 철학자 미셸 푸코는 확실히 그랬다. **섹슈얼리티를 매개로 전개되는 힘(권력)의 흐름을 분석한 그의 대표작 『성의 역사』는 니체의 몸 철학을 발전시킨 결과다.** 힘과 섹슈얼리티라는 언뜻 무관해 보이는 두 개념은 한 쌍을 이루어 우리의 일상 곳곳에 침투해 있다.

국가의 출산정책을 생각해 보자. 1960~1970년대 정부는 "둘만 낳아 잘 기르자"라는 표어까지 내걸며 산아를 제한하려

했지만 전시 수준의 출생률을 기록하고 있는 지금은 정반대의 노력을 기울인다. 글을 쓰는 시점에 대통령은 직접 '인구비상사태'를 선언하고 남성의 출산휴가와 육아휴직급여를 대폭 확대하겠다고 발표했다.

이와 같은 국가의 제도와 정책은 개인의 몸에 개입한다. 제도의 영향을 받아 자녀를 계획하는 사람들은 섹스에 대해 이야기하거나 이를 행하게 된다. 푸코는 이처럼 개인의 육체에 침투하는 숨겨진 힘의 흐름을 드러냈다. 인간과 같은 생명체뿐 아니라 국가의 법과 정책, 회사의 규율과 제도 또한 니체가 말한 '힘에의 의지'를 갖는 것이다.

제도가 힘을 갖는다니 의아할 수 있다. 힘이나 권력이라고 하면 근육질의 남성이나 정치 권력자가 먼저 떠오르기 때문이다. 이것이 바로 모더니즘, 즉 근대성의 편견이다. 하지만 쇼펜하우어 이래로 '의지'는 생명체만 갖는 개념이 아니었다. 근대성의 전통적인 사고방식에서 푸코 시대의 탈근대적인 사고방식으로 넘어와야 한다. 푸코는 이런 말을 남겼다.

"왕 없는 권력(힘)을 생각하자. 권력은 실체가 아니라 그물망이다."[108]

머릿속에 힘을 가진 사람의 모습을 떠올려서는 힘에의 의지를 제대로 이해할 수 없다. 사람이 아니라 나를 둘러싼 모든 것을 연결하는 그물망을 그려보아야 한다. 여기서 만들어지는 힘이 망 이쪽저쪽을 통과하면서 어떤 관계를 만들어내는지, 요즘 말로는 어떻게 '밀당'하는지에 주목해야 한다. 신혼부부라면 출산장려정책이 자신에게 어떤 영향을 미치는지, 회사원이라면 자신이 직속 상사뿐 아니라 회사의 규율과도 모종의 긴장 관계를 맺고 있음을 이해할 수 있다.

다시 섹슈얼리티 이야기로 돌아오자. 푸코가 인간의 몸에 끼치는 법과 도덕의 영향력에 대해서 예민하게 느끼고 사유한 배경에는 개인적인 이유도 있을 것이다. 그는 지금보다도 동성애를 인정하지 않은 시대를 살아간 성소수자였기 때문이다.

그는 아동의 성교육에서도 힘의 작동을 읽어냈다. 어린이에게 자위행위를 하지 말라는 권고는 언뜻 교육 차원의 이야기 같지만 푸코의 시각에서는 힘의 전술이다. 권력이 어린이에게 침투하기 위해 매개를 설치한 것일 뿐이다.

한편 그는 권력이 사람들의 섹슈얼리티에 의도하지 않은 방식으로 영향을 미칠 수 있다고도 이야기했다. "동성애는 나쁘다"라는 메시지가 확산될 때 동성애자들이 탄압받는 동시에 다른 한편으로는 동성애에 대한 호기심도 증폭된다는 것이다. 호기심은 이야기를 낳고 또 은밀한 행동을 낳아서 동성애자가 늘어날 수 있다.

마광수 교수의 구속 사건에서도 푸코의 시각을 확인할 수 있다. 하지만 인간의 몸에 국가라는 힘이 개입한다 한들 니체의 예견대로 에로스는 쉽게 죽지 않아서 지금도 이곳저곳에 산재한 현대판 장미여관에는 즐거운 사라들이 다양한 방식으로 서로의 육체를 탐닉하고 있다.

니체, 푸코, 마광수는 섹슈얼리티에 대해 한목소리로 조언했을 것이다. 부끄러워하지 말고, 도덕을 의식하지 말고 당신의 취향대로 섹스를 즐기라고.

행복한 결혼을 하는 법

니체는 평생 독신으로 살았지만 결혼에 무관심하진 않았다. 몇 명의 여인에게 청혼을 했지만 거절당했는데 그중 독일의 정신분석가 루 살로메와의 인연이 잘 알려져 있다.

그녀에게 어떤 매력이 있었는지는 알 수 없지만 시인 라이너 마리아 릴케 등 당대 많은 지식인에게 구애를 받았다고 한다. 니체의 친구였던 프랑스 철학자 파울 레는 니체에게 그녀를 소개해 주었는데 살로메의 제안으로 세 사람은 오로지 서로의 철학만 논하는 동거 생활을 계획했고 '성스러운 삼위일체'라는 이름의 모임까지 만들었다. 이 과정에서 니체는 살로메에게 두 차례나 청혼했지만 모두 거절당했고 후일 살로메와 레가 니체만 남겨두고 잠적함으로써 성스러운 동거 계획도 수포로 돌아갔다.

살로메와 레가 자신을 속였다고 생각한 니체는 후일 다음과 같은 글을 남겼다.

> 나에게 충격을 준 것은 네가 나를 속였다는 사실이 아니라 내가 너를 더 이상 믿지 않는다는 사실이다.[109]

그가 남긴 글과 그에 대한 전기 등을 종합해 볼 때 니체는 누군가에게 연모의 정을 느낀 적이 있고 또 니체에게 관심을 가진 여인들도 있었지만 깊이 있는 관계로까지 발전하지는 못했던 것 같다. 그의 외모나 성격이 여성에게 특별히 호감을 주지 못했을지도 모른다. 하지만 가장 큰 이유로는 그의 건강 문제를 꼽지 않을 수 없다.

다섯 살에 아버지를 여읜 니체는 일찍부터 병약했고 20대에는 시력 문제와 함께 두통으로 고통받기 시작했다. 그 때문에 30대라는 이른 나이에 대학 정교수직을 내려놓고 요양을 겸해 유럽 여러 나라를 떠돌아다녔던 것이다. 그리고 40대 중반에 정신이상으로 쓰러진 후 사망할 때까지 한 번도 평범한 일상을 누리지 못했다. 그런 니체가 연애와 결혼을 적극적으로 추진하기란 불가능에 가까웠다.

하지만 연애 경험이 부족하다고 해서 연애 이론까지 별 볼 일

없어지진 않는다. 본디 철학이란 하나의 통찰과 깨달음을 제시하는 것이고 많은 경험이 뒷받침되어야만 하는 건 아니다. 결혼에 대한 니체의 다음 조언은 기혼자인 나 또한 충분히 설득해 낸다.

결혼에 대한 니체의 조언

결혼하기 전
결혼을 하기 전에 스스로에게 이런 질문을 해야 한다.
"이 사람과 늙어서까지 잘 대화할 수 있을까?"
결혼에서 그 밖의 모든 것은 덧없다. 대화만이 부부 관계의 거의 모든 시간을 점유한다.[110]

결혼을 해도 좋을지 확인하기 위해 짧은 기간 동안 동거를 해 보라.[111]

결혼한 후
왜곡된 결혼, 거짓된 결혼을 유지하느니 차라리 헤어지는 편이 낫다.[112]

결혼 전에는 따져야 할 조건이 많다고 하지만 결혼 이후의 삶은 의외로 간단히 정의할 수 있다. 바로 '파트너와의 대화'이다. 그 사람과의 대화가 다른 사람과의 대화보다 즐겁다면 나머지 조건은 모두 부차적이라고 해도 과언이 아니다. 계속 이야기를 나눠도 지루하지 않고 그 모습이 늙어서도 이어질 수 있을 것 같다면 그 사람과 결혼하라고 권하고 싶다.

혼전 동거에 대해서는 사람마다 생각이 다를 테지만 니체는 권장한다. 몇 년을 만난 사이라 해도 24시간을 함께 지내면 새로운 모습을 발견하게 된다. 잠을 하루에 몇 시간 정도 자야 예민해지지 않는지, 곧 죽어도 하기 싫어하는 가사일이 있는지, 땀을 흘리지 않아도 매일 샤워해야 하는지와 같이 사소하지만 갈등을 유발할 수 있는 특징들은 같이 살아보아야 알 수 있다. 평생 절친하던 친구 사이가 고작 며칠간의 여행 이후 끊어졌다는 이야기가 괜히 나오겠는가. 결혼과 같이 중차대한 결정을 앞두고 있다면 니체의 조언을 따라 짧게라도 동거를 해보면 어떨까.

니체
처럼 — 사랑을 이해하기

니체는 육체적인 사랑을 강조했고 그의 몸 철학은 푸코로 이어졌다. 푸코는 힘이 권력자라는 실체를 넘어 우리를 둘러싼 모든 것 사이에서 그물망을 이루고 있다고 분석했다. 예를 들어 다음과 같은 힘의 그물망이 '나'라는 사람을 둘러싸고 만들어질 수 있다.

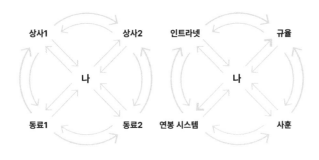

- 이제 자신을 둘러싼 그물망을 생각해 보자. 사람이나 반려견 같은 생명체가 이루는 그물망, 눈에 보이지 않는 규율이 이루는 그물망은 어떤 모습일까? 그 힘의 상관관계를 생각해 보자.

- 혹시 약자가 강자에게 더 큰 영향을 주지는 않는지 생각해 보자. 예를 들어 부하 직원인 내가 상사에게 더 큰 스트레스를 안기고 있을 수도 있고, 반려견이 나의 행동을 자신의 뜻에 맞게 조종하고 있을 수도 있다.

자신을 먼저 사랑하지 않는 사람은
남을 사랑할 수 없다.
또한 사랑이 소유욕의
다른 이름임을 이해할 때
사랑에 대한 대부분의 오해는 풀린다.

고통을 좋아할 사람이 누가 있으며
그걸 줄이자고 하는데
고개를 저을 사람이 누가 있겠는가?
하지만 니체가 바로 그런 사람이다.

절망

절망을 딛고
자기 자신으로 우뚝 서라

Nietzsche, the First
Psychologist: Live for No
One but Yourself

행복과 절망은 어떻게 다를까

여름과 겨울 중 어느 계절이 더 기다려지는가? 기상 관측을 시작한 이래 서울에서 가장 추웠던 날은 1927년 12월 31일로 영하 27.3도, 가장 더웠던 날은 2018년 8월 1일 39.6도였다고 한다. 기온 차가 거의 70도에 육박하니 만약 두 날이 같은 해에 있었다면 신세계를 경험했을 것이다.

두 계절은 정반대의 이미지로 다가온다. 하지만 따지고 보면 우리가 여름과 겨울이라고 다르게 부를 뿐 그저 온도가 높거나 낮은 차이로 볼 수도 있다. 이처럼 이름을 붙이기에 따라 작은 차이도 크게 보일 수 있다. 우등생과 열등생이라고 이름을 붙이면 전혀 다른 사람처럼 보이지만 실은 시험 점수가 높고 낮을 뿐이다. 젊은이와 늙은이도 한 살씩 나이를 먹어갔을 뿐인데 전혀 다른 사람처럼 분류한다.

니체가 볼 때 쾌감과 고통, 행복과 절망의 감정도 이와 다르지 않다. 쾌감과 행복, 그리고 고통과 절망은 완전히 별개의 감정인 것 같지만 쾌快 지수(혹은 고苦 지수)에서 높낮이의 차이가 있을 뿐이다. 니체는 이러한 상관관계에서 인간의 감정에 대한 통찰을 얻었다.

> 세상을 대충 보면 단지 정도의 차이가 있을 뿐인 자연현상을 대립하는 것으로 받아들이게 된다. 이런 나쁜 습관 때문에 우리 내면의 도덕 세계도 대립적으로 분석하고 이해하려고 한다. 변화 대신 대립을 봄으로써 이루 말할 수 없이 많은 고통, 교만, 가혹함, 소원함, 불감증이 인간의 감정으로 들어왔다.[113]

'더위 대 추위'처럼 세상 만물을 대립적으로 이해하는 습관 때문에 우리가 여러 나쁜 감정에 시달린다는 분석이다. 예를 들어 우리는 사랑과 미움을 전혀 다른 원천에서 나온 대립적인 감정으로 생각한다. 하지만 **사랑에서 미움으로 감정의 온도가 변한 것뿐일 수도 있다.** 니체의 통찰을 받아들이면 어제까지는 없으면 죽을 것 같던 사랑의 대상이 갑자기 원한의 대상으로 변모하는 까닭이 이해된다. 그저 사랑이 미움이 된 것이다. 이렇게 생각한다면 필요 이상으로 상대에게 고통받거나 가혹해지

어덟 번째 마음 수업

지 않을 수 있다.

여기에서 니체는 우리가 세상을 바라보는 방식을 묻고 있다. 대립인가, 변화인가? 니체처럼 생각하기 위해서는 우리의 삶과 감정에서 대립보다는 변화에 주목해야 한다.

지금 불행하다고 느끼는 사람 중에는 과거의 환희를 떠올리며 현재의 절망감을 심화시키는 사람이 있다. 니체를 만났다면 당신에게 찾아온 절망을 다른 각도에서 봤을 것이다. **여름에 겨울을 떠올리고 겨울에 여름을 떠올리는 것처럼 감정을 바라보자.** 사랑할 때 미움을, 미워할 때 사랑을 떠올리고, 즐거울 때는 고통을, 절망스러울 때는 환희의 순간을 떠올리는 것이다. 그렇게 사유하는 사람은 지금의 절망을 유연하게 극복할 수 있다.

쾌감은 고통을 필요로 한다

니체 당대에는 공리주의가 유행했다. '공功'은 '공을 세우다' 할 때의 공으로 뭔가 의미 있는 결과를 뜻하고 '리利'는 이익이다. 그러니까 공리주의는 우리가 좋다고 여기는 결과를 추구하는데 감정으로 따지면 쾌락이나 행복이 이에 해당한다. 그래서 공리주의는 일종의 쾌락주의로 우리가 행동한 결과는 최대한의 쾌락 혹은 행복을 제공해야 한다는 사상이다.

보통은 철학을 어렵고 골치 아프다고 생각하는데 공리주의는 정말 쉽다. 철학의 역사에서 공리주의만큼 간명하고 명쾌한 지침을 주는 사상은 없다. **고통을 좋아할 사람이 누가 있으며 그걸 줄이자고 하는데 고개를 저을 사람이 누가 있겠는가? 하지만 니체가 바로 그런 사람이다.**

뭐라고? 공리주의에 따르면 학문의 목표가 최대의 즐거움(쾌감)을 만들어내고 고통을 최소화하는 것이라고? 하지만 만약 즐거움이 고통과 너무 가까이 연결되어 있어서 하나를 많이 얻으려 할 때 다른 것도 그만큼 커질 수밖에 없다면?[114]

니체는 쾌감이 늘어나면 고통도 늘어날 수밖에 없다고 보았다. 고통을 줄이고 쾌감을 늘릴 수 있다는 공리주의의 전제 자체를 부정한 것이다.

심지어 니체는 쾌감과 고통이 함께 성장하는 형제이고 쌍둥이라고까지 이야기했다.[115] 쾌감과 고통은 다른 원천에서 나온 감정이 아닐뿐더러 더위와 추위처럼 서로에게 의존하고 있기 때문이다. 서로에게 의존하고 있다는 게 무슨 말일까? 추운 나라에 사는 사람과 더운 나라에 사는 사람은 같은 온도를 다르게 느낀다. 두바이처럼 겨울이 없고 여름만 있는 나라에 사는 사람은 우리처럼 더위를 타지 않고, 알래스카에 사는 사람은 우리만큼 겨울을 춥게 느끼지 않는다. 우리는 매년 뜨거운 여름을 경험하기 때문에 몇 달 후 겨울의 추위를 더 강렬하게 느낀다. 이때는 절대온도가 아니라 체감온도가 다른 것이다.

마찬가지로 우리의 쾌감과 불쾌감에도 일종의 '체감지수'가 있다. 행복 후에 찾아오는 불행은 더 고통스럽고, 부자였던 사람이 가난해지면 더 비참하다. 반대의 경우도 그렇다. 탄산음료의 청량함은 목이 막힐 정도로 더울 때 극대화된다. 칼바람이 몰아치는 겨울날 탄산음료를 먹고 싶지는 않다. 그러니 청량함을 극대화하기 위해서는 무더위라는 고통이 필요하다. 이처럼 쾌감과 고통은 뿌리가 같을 뿐 아니라 서로를 필요로 한다. 그러니 형제이고 쌍둥이라 할 수 있지 않겠는가.

그렇다면 니체의 관점에서 즐거움과 고통을 대하는 전략은 두 가지로 나뉜다.

즐거움과 고통을 대하는 두 가지 길

1. 즐거움과 고통을 함께 포기한다.
2. 즐거움도 커지고 고통도 커지는 길을 택한다.

고통을 없애기 위해 즐거움도 포기하는 첫 번째 삶은 어떨까? 실제로 그런 사람들이 있다. 상처받고 싶지 않아서 친구를 만나는 즐거움을 포기하는 식이다. 연인과 헤어진 후 다시는 누군가에게 마음을 주고 싶지 않은 심리도 비슷하다.

선과 악을 규정하지 않은 니체가 유일하게 안 된다고 이야기한 상태가 바로 이 상태다. 바로 체념이다. 만약 당신이 니체에게 삶의 태도를 배우고 싶다면 체념은 꼭 한 번 짚고 넘어가야 한다. 체념이 특히 위험한 이유는 그것이 습관이 될 때 편안하다고 느낄 수 있기 때문이다. 니체는 이렇게 경고했다.

체념은 무엇인가? 그것은 환자의 가장 편안한 상태다.[116]

니체는 체념에서 벗어나라고, 더 많은 행복을 위해 더 많은 고통을 느끼는 길을 가라고 권한다. 마음 깊이 고통에 시달리다가 어렵게 니체를 만나 상담하게 되었다고 가정해 보자. 물론 니체는 우리를 따뜻하게 위로해 줄 수도 있고 용기를 심어줄 수도 있다. 하지만 그날따라 니체의 표정이나 태도가 냉담하다면 다음과 같이 이야기할 수도 있다.

"고통에 대한 처방은 고통이다."[117]

니체는 당신이 견딜 수 있다면 조금 더 고통스러워도 괜찮다고 말할 것이다. 또한 수준 높은 사람일수록 이 진리를 잘 이해하고 있다고 생각한다.

수준 높은 인간일수록 더 행복해지고 동시에 더 불행해진다.[118]

우리의 지식이 늘어나 정신의 세계가 넓어질수록 고통과 즐거움이 커지고 그 범위가 넓어진다.[119]

니체 스스로 자신은 차원이 다른 사람이라고 여겼기 때문에 이렇게 이야기한 것이다. 다만 여기에서 수준이란 삶을 대하는 태도에 달려 있으며 신분은 중요하지 않다. 밧줄을 타는 광대를 초인으로 보았던 그가 아닌가. 니체의 기준에서는 누구라도 차원이 다른 수준 높은 존재로 살 수 있다. 그리고 생을 생답게 사는 사람은 뜨거운 사랑을 마주한 순간 환희의 축복과 동시에 쓰라림의 눈물도 함께 온다는 진리를 꿰뚫는다.

니체는 "고민으로 괴로워할지라도 바로 그 정신적 고통이 사람을 귀하게 만든다"[120]라며 우리를 위로한다. 이제 밤잠 이루지 못하는 고민 앞에서 니체의 말을 떠올리자. 지금의 고통은 내가 수준 높은 인간이라는 증거이며, 고통의 크기만큼 더 행복해질 가능성을 품고 있다고 생각하자.

니체를 다루는 책이라면 '영원회귀'라는 주제를 빠트릴 수 없다. 영원회귀는 말 그대로 우리가 겪는 일이 끝없이 반복된다는 의미다. 니체의 영향을 받은 밀란 쿤데라의 소설 『참을 수 없는 존재의 가벼움』도 영원회귀에 관한 첫 문장으로 시작한다. 내용인즉 니체 이후 많은 철학자가 영원회귀 사상을 해석하느라 골머리를 앓았다는 것이다.

나는 가수 전인권의 〈돌고 돌고 돌고〉라는 노래에서도 이 개념을 찾았다. 해가 뜨고 달이 떴다가 다시 해가 뜬다는 가사를 들으면 니체나 쿤데라의 글보다 훨씬 경쾌하고 흥겨운 느낌을 받는다. 다시 돌고 돌고 돌고 또 돈다는 후렴구를 따라 하면서 뭔가 깨달음을 얻었다면 그것이 영원회귀의 가르침일 수도 있다.

대철학자의 주요 사상을 대중가요로 설명하니 실없다고 느낄지도 모르겠다. 하지만 체계적인 철학을 남기지 않은 니체는 영원회귀에 대해서는 더더욱 특별한 설명을 남기지 않았다. 그래서 쿤데라의 이야기처럼 니체 사후 많은 철학자가 영원회귀를 해석하느라 지금까지 애를 먹고 있다.

그중에서도 프랑스 철학자인 질 들뢰즈의 해석을 들려주고 싶다. 그에 따르면 영원회귀란 완전히 똑같은 것을 반복하는 게 아니라 '반복하지만 차이가 드러나는 현상'이다(그래서 들뢰즈의 대표 저서 제목이『차이와 반복』이다). 이 해석에 따르면 **우리는 세상을 바라볼 때 반복만큼이나 차이에 주목해야 한다.**

영화 〈봄여름가을겨울 그리고 봄〉(2003)은 어린 동자승의 모습을 비추며 시작한다. 동자승은 개구리, 뱀, 물고기에 돌을 매달아 괴롭힌다. 그리고 마지막 장면에서 한 노승은 또 다른 동자승이 개구리 입속에 돌멩이를 넣으며 장난치는 모습을 지켜본다. 마지막 장면의 노승이 첫 장면의 동자승이다. 첫 장면과 마지막 장면 사이는 그가 세속에서 경험한 사랑과 희망, 분노와 절망을 담은 컷들로 채워진다.

영화는 끝났지만 그 이후의 스토리를 상상해 본다. 아마 마지막 장면의 동자승 또한 노승처럼 세상의 여러 감정과 충동을 느끼게 되지 않을까. 이렇게 인간의 삶은 비슷한 방식으로 영원히 반복되지만 그 내용이 완전히 같지는 않다. 이와 같은 인간사의 모습을 넓은 시야로 내려다본 내용이 영원회귀가 이야기하는 반복과 차이 아닐까.

우리 또한 매년 영원회귀를 경험하고 있다. 어김없이 생명이 약동하는 봄과 울창하게 뻗는 여름이 오는 것처럼, 또 낙엽이 스러지는 늦가을과 생명이 움츠러드는 겨울은 오고야 말 것이다. 그러나 어느 해와도 똑같은 봄, 여름, 가을, 겨울이 아니다. 니체가 경험한 자연도 우리와 다르지 않았다. 그 또한 스위스의 아름다운 호수를 바라보다가 이 사상을 떠올렸다고 회고한다.

이처럼 삶과 세상을 특정한 현상의 반복으로 이해하는 관점은 상당히 동양적이다. 기독교의 세계관은 천지창조에서 최후의 심판까지 직선적인 역사관을 가지고 있다. 반면 윤회라는 말에서도 알 수 있듯이 불교는 돌고 돎을 이야기한다. 노장철학에서도 '물극필반物極必反'이라고 해서 극점에 간 것은 반드시 다시 돌아온다고 설명하고, 동학·원불교·증산도의 개벽 사상 역시 일정 시간이 지나면 새로운 시대가 도래하는 반복을 이야기한다. 고대 중국에서는 임금이 바뀔 때마다 복색을 순차적으로 바꿔 입는 전통이 있었다. 니체는 불교를 비롯한 동양의 순환적인 역사관과 시간관의 영향을 받았으리라 추정할 수 있다.

'다시 돌아옴(회귀)'의 철학은 우리에게 절망을 극복할 힘을 준다. 인생은 본래 그런 것이기에 너무 괴로워할 필요가 없다. 영원한 희망이 불가능한 것과 마찬가지로 영원한 절망도 불가능하다. 벼랑에 꽃 피듯 절망 가운데서도 희망이 샘솟을 수 있다. 또한 끊을 절絶 자에 바랄 망望 자를 쓰는 글자 그대로 희망을 경험했기에 절망도 겪는 것이다.

'쾌감과 고통은 쌍둥이'라고 말한 니체의 발견은 그의 영원회귀 사상과 이렇게 맞닿는다. 두 감정은 같이 태어나고 서로에게 의존하며 번갈아 나타난다. 이 사상을 받아들이는 사람이라면 자신의 감정을 더 적극적으로 컨트롤할 것이다. **절망을 느낄**

때 막연히 희망을 기다리는 것이 아니라 그 속에서 즉각적으로 희망의 씨앗을 바라보며 이것을 현실화할 것이다.

**영원회귀 앞에서 어떻게 살아야 할지에 대한
니체의 질문과 답**

질문
"당신은 모든 것이 끝없이 반복되기를 원하는가? 이 질문은 당신의 행동을 가장 무겁게 짓누를 것이다. 영원히 회귀하는 것 이외에 아무것도 원하지 않으려면, 당신의 삶을 어떻게 만들어야 하겠는가?"[121]

답
"다시 살기 원하고 영원히 그렇게 살기 원하는 방식으로 살 것! 우리의 과제는 매 순간 그런 태도로 살아가는 것이다."[122]

다른 삶을 원하면 안 된다. 지금 당신의 삶이 영원하다고, 바로 그 삶을 사랑해야 한다고 니체는 말한다.

절망을 비웃으며 넘기는 법

젊은 시절 절망감에 사로잡혔을 때 친한 선배를 찾았다. 내 하소연을 들은 선배는 술을 따라주며 이렇게 위로했다.

"야, 그럴 때는 세상을 비웃어버려라."

'삶은 원래 그런 거야, 믿었던 우정도 원래 그렇게 허접한 거야'라며 소중히 여겼던 것에 경멸을 표해보라는 말이었다. 무언가를 경멸한다는 건 위에서 내려다본다는 뜻이므로 자존감이 높아진 것 같은 느낌을 받는다. 그날 나는 선배와 함께 세상을 비웃으며 유쾌하게 술잔을 기울였고 괜찮은 술자리가 주는 위로를 받았다.

니체의 영원회귀와 비웃음을 연결 지어보면 어떨까. 그리스 신화의 시시포스 이야기는 절망스러운 반복을 보여준다. 코린트의 왕 시시포스는 신들을 능멸한 죄로 지옥에서 참담한 벌을 받는다. 그에게 주어진 일은 무거운 바위를 산 위로 밀어 올리는 것인데 힘겹게 정상까지 올렸더라도 이내 다시 굴러떨어지기에 같은 일을 되풀이해야 한다. 잠깐 지나치는 시련이 아니라 영원히 반복되는 고통인 것이다. 시시포스의 반복이 바로 우리에게 부여된 삶이라면 인간은 허무와 절망을 느낄 수밖에 없다.

실존주의 작가 알베르 카뮈는 자신의 에세이 『시시포스의 신화』를 통해 우리의 모습일 수도 있는 시시포스가 어떤 삶의

어덟 번째 마음 수업

태도를 선택해야 하는지 이야기한다. 좌절감 속에서 생을 포기하는 것도, 알 수 없는 미래에 막연한 희망을 거는 것도 아니다. **그저 자신이 처한 현재를 '위에서 직시하고' 열정을 택하는 것이다.**

이 책은 본래 자살에 대한 에세이다. 카뮈는 시시포스가 산 꼭대기에서 내려오는 잠깐의 휴식 시간에 주목했다. 그때 시시포스는 자신이 처한 운명이 부조리하다고 느낄 것이다. 하지만 절망적인 상황을 비웃음으로 넘길 수 있을 때 자신이 처한 운명보다 우월해진다고 카뮈는 설명한다. 멸시로 응대해서 극복하지 못할 운명은 없다는 것이다.

이런 카뮈의 해석에 따르면 삶이 우리를 속일지라도, 사람에게 상처받을지라도, 운이 따라주지 않는 실패의 연속일지라도 우리는 주어진 현실을 비웃고 열정을 택해야 한다. 니체도 이런 시를 남겼다.

침묵과 웃음[123]

내가 잘하면 우리 겸손히 침묵하자.
내가 실수하면 우리 웃어넘기자.
상황이 나빠진들 어떠리.
그럴수록 더 많은 웃음이 필요하리.
마침내 무덤으로 들어갈 때까지.

니체는 우리가 설령 실패하더라도 죽을 때까지 더 많은 웃음이 필요하다고 말한다. 다만 니체의 비웃음은 카뮈와는 약간 다르다. 그는 세상뿐만 아니라 자기 자신도 비웃으라고 이야기하기 때문이다.

수준 높은 사람은 오히려 성공하기 힘들다. 그대들 모두 실패작들이 아닌가? 기운을 내라. 그게 무슨 상관인가? 여전히 얼마나 많은 것이 가능한가! 스스로를 비웃는 법을 배워라![124]

실패하거나 좌절감에 빠졌을 때 스스로를 경멸하는 건 오히려 무기력에 빠지는 길이 아닐까? 열정의 철학자인 니체가 우리를 무기력으로 안내할 리 없다. 통상의 자학적인 경멸과 니체의 자기 경멸이 다르다는 뜻이다. **자학은 힘에의 의지를 죽이는 길이지만 니체의 자기 경멸은 힘에의 의지를 향한다.**

니체는 절망으로 바닥을 친 삶이라도 결국 다시 상승한다는 회귀의 원리를 염두에 두었다. 그래서 스스로를 경멸하라고 한 것이다. 삶의 진실을 이해한 조언이다. 좌절한 사람에게 '괜찮아. 앞으로 잘될 거야'라고 위로하는 차원이 아니다.

니체가 제안하는 두 가지 비웃음

1. 자신을 둘러싼 환경과 세상에 대한 비웃음
   : 왜냐하면 나는 더 우월한 존재이기 때문이다.

2. 스스로에 대한 비웃음
   : 스스로를 바닥으로 떨어뜨린 후 다시 반등할 때 생기는
   활력을 느낀다.

니체의 대표작 『차라투스트라는 이렇게 말했다』에도 '몰락'
이라는 주제가 자주 등장한다. 첫 장면에서 차라투스트라는 은
둔했던 산에서 내려와 세상에 도착했을 때 "이렇게 하여 차라
투스트라의 몰락은 시작되었다"라고 말한다. 이때의 몰락 또한
상승을 위한 전제조건이다.

**세상을 비웃고 자기를 경멸하고 마침내 열정을 택하라. 이것이
영원회귀가 초래하는 허무주의(니힐리즘)를 극복하는 니체의 방식
이다.** 그리고 삶이라는 벽에 갇힌 우리가 운명을 극복할 수 있
는 유일한 방법이다. 우리는 그러한 삶의 반복 가운데 의미 있
는 '차이'를 향해 나아가야 한다.

니체는 살면서 얼마나 많은 절망을 경험했을까? 건강 문제로 고통받는 사람이라면 니체에게 십분 공감할 것이다. 니체는 시력 이상부터 두통, 발작 등 죽는 날까지 끊임없는 고통을 겪었다. 당연히 절망감에 사로잡히는 날이 많았을 것이다.

더구나 그는 책을 읽어야 하는 철학자가 아닌가? 책 읽기가 어려울 정도로 시력이 나빴다는 건 베토벤이 청력을 잃은 상황에 비견할 만큼 절망적이었다. 20대에 정교수 자리를 얻을 만큼 실력을 인정받은 학자였던 그가 불과 30대 중반의 나이에 대학을 떠나 고독한 요양의 길에 접어들었을 때 대체 어떤 심정이었을까?

니체의 심리학은 그가 마주친 감정과 무관할 수 없다. 그는 어려운 상황을 극복하기 위해 세상을 비웃고 자기 스스로를 경멸했을 것이다. 그리고 마침내 '힘에의 의지'를 발휘하는 길을 찾았다.

글을 읽기가 어려워졌을 때 그는 '이제야 타인의 생각에서 벗어나 나만의 철학을 정립할 수 있게 됐다'고 말했다. 대학을 떠난 이후 자신의 철학과 심리학을 본격적으로 쏟아냈다. 번개가 내리치는 것 같은 좌절의 상황을 재료로 삼아 앞으로 나아갔다.

글쓰기를 향한 니체의 열정은 그가 의식을 잃고 쓰러지기 직전까지 계속됐다. 자신의 운명을 사랑하겠다는 '아모르 파티' 선언은 이처럼 숱한 고통과 좌절을 통과한 끝에 나온 결론이었다. 그런 니체였기에 "피로 쓴 글만을 사랑하리라"라고 말할 수 있지 않았을까.

우리는 니체의 글을 통해 다음의 내용을 최소한 이론적으로 알게 되었다. 절망과 희망은 정도의 차이일 뿐 근본적으로 뿌리가 같은 감정이다. 기쁨이나 슬픔, 희망이나 절망과 같은 감정은 반대되는 감정의 강도에 비례해 커지거나 작아진다. 돌고 도는 인생의 고리에서 절망은 피할 수 없는 운명이며 우리는 절망을 비웃음으로써 그것을 극복할 수 있다.

그러나 이 내용은 절망하는 우리 자신을 사랑하는 데까지 나아가지는 못한다. 다시 니체에게 답이 있다. 니체는 **절망적인 상황에서 스스로를 사랑할 수 있는 비결은 사랑이라는 감정에 대한 익숙함, 즉 감정에 대한 우리의 습관이라고 이야기한다.**

삶은 견디기 어렵지만 너무 약한 모습을 보이지 말자. 우리는 삶에 익숙하기 때문이 아니라 사랑에 익숙하기 때문에 삶을 사랑할 수 있다. 사랑에는 늘 약간의 광기가 있다. 하지만 광기 속에 어떤 방법이 있다. 그 광기 속에 행복을 즐기는 방식이 있다.[125]

남이 들이대는 잣대로 자신이 사랑할 만한 구석이 있는 사람인지, 자신의 상황이 어느 수준인지 이리저리 살피고 있지 않은가? 그런 자세로는 진정으로 자신을 사랑할 수 없다.

먼저 사랑의 감정에 친숙해지자. 이는 누군가를 불쌍히 여기는 동정과는 차원이 다르다. 동정은 주는 사람과 받는 사람이 함께 아래로 처지는, 니체의 표현대로라면 데카당스(몰락)의 감정이지만 니체가 말하는 사랑은 주는 사람과 받는 사람 모두가 힘을 얻는 감정이다. 그런 사랑의 종착지는 틀림없이 자기 자신이다.

불행하다는 감정이 나를 덮칠 때에는 그 안에 행복을 일으키는 감정이 함께 경쟁하고 있음을 생각하자. 마음먹기에 따라 나는 당장 즐거울 수 있음을 알아차리자. **고통과 절망을 제거해야만 나를 사랑할 수 있다는 생각을 버리자.** 고통과 절망의 감정은 존재한다. 그것과 무관하게 나는 나를 사랑할 수 있다. 누가 그럴 수 있냐고 묻는다면 니체를 바라보자. 그래서 니체가 쓴 자서전의 제목이 『이 사람을 보라』가 아닌가.

니체는 "사람은 길고도 위험한 극기 훈련을 통해 새로운 존재로 거듭난다"[126]라고 하면서 다음과 같이 고통을 긍정한다.

무엇이 되려면, 성장하려면, 미래를 보증하려면 고통을 겪어야 한다. 창조의 영원한 기쁨을 얻으려면, 삶에의 의지가 영원히 솟

구치기 위해서는, 산모의 고통 또한 영원히 존재할 수밖에 없기 때문이다.[127]

하지만 정말로 삶이 우리를 속인다면, 인간관계에서 상처받고 건강이 나빠지고 뉴스에 나올 정도로 비참한 사건을 경험한다면 삶을 믿기가 어렵지 않겠는가. 그렇다. 하지만 그럼에도 불구하고 우리는 삶을 사랑할 수 있다고 니체는 말한다.

자신감이 사라지고 살아가는 것 자체가 문제가 되었다 해도, 삶에 대한 사랑은 여전히 가능하다. 단지 다른 방법으로 사랑하게 될 뿐이다. 그것은 마치 의심스러운 여성을 사랑하는 것과 같다.[128]

니체의 사랑관에 따르면 우리는 의심을 품게 만드는 이를 더 사랑한다. 마찬가지로 의심스러운 삶만이 매력을 줄 수 있다. 상처받고 절망하기 전과 방식은 달라질 수 있지만 스스로의 삶을 여전히 혹은 더욱 사랑할 수 있다. 그러니 위로를 주는 종교나 형이상학을 찾는 대신 내면의 심연으로 파고들어 보라고 니체는 조언한다. 니체는 그렇게 우리에게 자신의 심리학을 전하고 있다.

니체
처럼 ——— 절망을 이기기

니체는 더위와 추위처럼 희망과 절망 또한 뿌리가 다른 감정이 아니라고 보았다. 니체를 만났다면 희망 속에서 절망을, 절망 속에서 희망을 발견할 수 있어야 한다. 또한 지금의 고통과 절망을 제거해야만 나를 사랑할 수 있다는 생각을 버리고 사랑이라는 감정에 친숙해져야 한다. 아래 내용을 통해 절망을 딛고 우뚝 서는 방법을 니체식으로 생각해 보자.

- 당신이 최근에 겪은 가장 행복(불행)한 사건을 떠올려보자. 혹시 그것이 또 다른 불행(행복)의 씨앗이 되진 않았는지 생각해 보자.

- 만약 어려운 상황에 처했다면 자기 자신에게 물어보자. 그럼에도 나는 나를 사랑하는가? 어떻게 하면 지금의 좌절을 재료로 삼아 나아갈 수 있을지, 그 과정에서 무엇이 도움이 될지 생각해 보자.

쾌감과 고통은 연결되어 있기에
하나만 삭제할 수 없다.
더 행복해지려면
더 큰 절망을 겪어야 한다.
고통과 절망을 비웃는 법을 배우라.

우연의 발로 춤추는 경험을 조금씩 넓히자.

당신의 삶에서

초조함, 불안함, 강박 등은

서서히 멀어져 갈 것이다.

불안

당신이 믿어온
삶의 목적을 의심하라

*Nietzsche, the First
Psychologist: Live for No
One but Yourself*

돈에 집착하는 심리적 이유

"충분히 먹고 마시며 살고 있는데도 왜 우리는 늘 초조할까?"

니체의 이 질문을 접했을 때 깜짝 놀랐다. 21세기를 사는 우리 모두가 알고 싶은 내용을 일찍부터 묻고 있기 때문이다. 내가 괜히 독자들까지 끌어들인 거라면 양해를 구한다. 늘 초조해하는 건 사실 나다. 이 글을 쓰고 있는 지금 원고 마감에 쫓겨서일까? 그 탓도 조금은 있겠지만 돌아보면 그와 무관하게 일이 없고 편안할 때도 뭔가에 쫓기는 느낌을 받았다. 그건 대체 어떻게 설명해야 할까?

먹고 싶거나 마시고 싶은 것 모두 웬만하면 살 정도는 되는데 그러면 충분히 먹고 마신 후 두 발 뻗고 자면 될 일이지 도대체 뭐가 문제일까? 설마 니체가 돈 이야기를? 그렇다. 니체는 우리가 초조해하는 이유로 돈을 지목했다.

> 우리가 초조한 이유는 돈이 느리게 쌓인다고 밤낮 끔찍하게 '조급해하고' 또 돈이 쌓이기를 끔찍하게도 '열망하기' 때문이다. 그런데 과도한 조급함과 열망은 희생물을 필요로 한다. 예전에는 신을 사랑해서 일했고 지금은 돈을 사랑해서 일한다.[129]

니체에 따르면 우선 우리는 부자가 되고 싶어 하고 빨리 돈을 모으고 싶어 전전긍긍한다. **열망과 조급함이라는 두 가지 심리 때문에 늘 돈에 매여 불안과 초조함 속에서 살게 된다.**

나는 니체의 분석에 더해 초조함의 원인으로 '남과의 비교'를 지목하고 싶다. 부자는 기준이 모호한 언어다. 나보다 못사는 사람에게는 내가 부자이고, 나보다 잘사는 사람에게는 내가 가난한 사람이다. 그러니 내가 부자인지 아닌지는 사실상 내가 아니라 타인이 결정한다. 10억 원 정도는 가져야 부자라고 생각하는 사람이 많다는 기사도 있고 부동산 가격, 물가 상승 등을 감안하면 30억 원 정도는 가져야 한다는 기사도 보인다. 하긴 서울 아파트 한 채 가격이 얼마인데 10억 원을 가지고 부자라고 하겠나? 기사를 보며 이런저런 생각을 하는 동안 나의 초조함은 한껏 증폭된다. 니체 말대로 내가 좋아하는 것을 먹고 마시면서 살아간다고 해도 초조함을 달랠 수 없으리라.

그런데 니체는 돈 이야기를 하다가 갑자기 신 이야기를 한다. "신은 죽었다"는 니체의 가장 유명한 문장 중 하나다. 그렇게 신이 없어진 자리에 사람들이 돈을 올려놓았다는 분석인데, 물신화物神化(재물을 신으로 모심)이라는 말은 이런 맥락에서 나왔다. **이 내용을 이해하기 위해서는 먼저 종교가 무엇인지 이해할 필요가 있다.**

나의 종은 무엇인가?

종교라고 하면 교회나 법당에서 기도하는 장면이 떠오른다. 매주 빨간 날 집에만 있거나 나들이를 떠나는 사람이라면 스스로 종교와 관련이 없다고 생각하기 마련이다. 기독교, 불교, 천주교와 관련이 없는 건 맞다. 하지만 종宗(종교를 이루는 근본)의 가르침은 종교 공간에만 있지 않다. 유일신을 믿지 않고 사후세계에 대해 생각하지 않는다는 이유로 종교와 무관하다고 생각한다면 우리가 믿고 있는 다른 종의 존재를 깨닫지 못하게 된다.

종교를 사전에서 찾아보면 종은 종갓집, 종법, 종묘 등에서 쓰는 종과 같은데, 일반적으로 근원, 근본, 으뜸이라는 의미를 갖는다. 종갓집 며느리가 김치를 잘 담그는 까닭은 종에서 배웠기 때문이고 밖에 나가도 자신의 방식을 고집하는 이유 또한 종이 가르쳐준 비법이 최고라고 생각하기 때문이다.

이처럼 어떤 인간이라도 과학으로 검증되지 않는 종에 대한 믿음이 있는데 종갓집 며느리에게는 김치 담그는 법, 프로이트에게는 리비도Libido(성 충동)가 그런 것이다. 인간은 역사적으로 호모 사피엔스(생각하는 인간)이기 전에 호모 릴리기오수스religiosus(종교적 인간)이기 때문이다.

니체가 보기에 유일신 개념은 인간의 심리가 만들어낸 종으로 허상이다. 원시시대 이래 인간에게는 언제나 자연현상에 대한 경외심, 미래에 대한 불안, 행복하게 살고 싶은 바람, 죽음 이후에 천국에 가고 싶은 욕망 등이 있었다. 인간은 이처럼 피해 갈 수 없는 심리를 극복하기 위한 방편으로 삶의 목표를 만들었다. 그렇게 인간의 마음은 신을 빚고 신을 사랑하고 신을 위해 무엇이든 하겠다는 순교적인 자세로 이어졌다.

신이 삶이라는 목표의 절정에 있던 시대가 중세다. 니체의 시대에 왔을 때 종교는 이미 상당히 쇠락했고 돈이 점차 신의 지위를 대체했다. 다시 말해 인간이 자신의 나약한 심리를 해소하기 위해 신과 같은 종을 세운 것이 바로 돈이다.

니체는 우리가 욕망의 대상이 아니라 욕망 그 자체를 사랑한다고 했다. 그래서 인간은 욕망의 대상이 사라지면 새롭게 욕망할 대상을 찾아 헤매고 방황한다. 지금껏 애정과 충성을 쏟아온 신이 사라졌으니 새롭게 찾은 욕망의 대상인 돈에 모든 열정을 쏟는다. 신이 사라진 시대, 우리는 돈을 위해 살아가며 매 순간 돈을 열망하고 그것을 위해서 영혼까지 바치는 순교자적 자세를 갖게 되었다.

이제 스스로에게 물어보자. **지금 이 순간 당신의 자유를 구속하는 종은 무엇인가?** 그 종은 당신에게 무엇을 가르치고 지시하고 있나? 이 짧은 질문은 지금 이 순간 당신이 누구인지를 말해줄 수 있다.

종에 대한 믿음

종갓집 며느리
김치 담그는 방법

프로이트
성 충동

중세인
신

현대인
돈

한편 돈은 신보다 더 무시무시한 종일지 모른다. 종교 세계에서 순교자는 신을 사랑하는 대가로 '평안'을 얻는다. 어떤 상황에서도 담대하고 의연하게 또 숭고하게 다가오는 현실을 맞이한다. 영화 『타이타닉』에서 거대한 배가 침몰해 가자 승객 대부분은 평정심을 잃고 우왕좌왕한다. 신앙심 깊은 연주자들은 절체절명의 상황에서도 '내 주를 가까이 하게 함은Nearer, My God, to Thee'을 연주하며 감동을 준다.

하지만 돈의 순교자가 얻는 결과는 다르다. 그들은 남들이 볼 때 추악한 괴물 같은 존재로 전락하는 경우가 많다. 스스로도 초조함과 불안함의 덫에서 벗어나지 못한다. 아무리 많은 돈이 있어도, 돈만으로는 절대 구원을 얻을 수 없다.

인간이라면 누구나 자신이 떠받드는 '종'이 있다는 니체의 가정이 사실이라면, 그리고 신과 돈이라는 종의 차이가 명백하다면 우리는 하나의 결론에 도달하게 된다. 기존의 종교를 잘 믿는 사람은 차라리 마음의 평안과 구원을 얻기 수월하다. 하지만 비종교인이라면, 이를테면 부지불식간에 돈을 최고의 종으로 믿고 살아가는 사람이라면 평생 초조함과 불안감을 벗어나기 어려울 수 있다. 그래서 **신을 믿지 않는 이들에게는 신을 믿지 않는 니체의 도움이 필요하다.**

배부르기 위해 먹는다는 착각

종은 그것을 믿는 사람의 모든 사고와 행동에 영향을 끼친다. 종이 삶의 이유이자 목표가 되기 때문이다. 그래서 니체는 신뿐만 아니라 모든 종류의 종을 싫어했다. 다시 말해 목적지향의 사고방식 자체를 거부했다.

목적지향의 사고가 무엇인지 알아보기 위해 지난주 먹었던 음식을 떠올려보자. 내 메뉴는 햄버거, 김밥, 비빔밥, 광어회, 샌드위치, 인절미, 살치살 등이었다. 먹다 보면 그럭저럭 배를 채울 때도 있고 과식할 때도 있는데, 식사를 멈추는 타이밍을 맞추기가 쉽지 않아서 배부르다고 느낄 때는 이미 늦은 경우가 많았다. 생각해 보자. 우리는 왜 먹을까? 물론 배가 고프니까 먹는다. 그런데 그건 먹는 행위의 원인은 될 수 있어도 목표는 아니다. 다음 이야기를 통해 왜 니체가 목표 개념을 싫어했는지 이해할 수 있다.

'배를 채우기 위해서 먹는다'는 맞는 말인가? 배부름은 먹는 행위의 결과지 목표가 아니다. 우리는 배가 고플 때 먹는 순간이 즐겁기 때문에 먹는다. 먹는 행위란 음식을 씹을 때마다 맛이 어떤지 확인하는 시도일 뿐이다. 이렇게 우리의 행동은 이러저러한 충동이 '즐거움'을 가져오는지 아닌지 실험할 뿐이다. 그동안 우

니체의 설명에 따르면 우리가 먹는 이유는 '즐겁기 위해서' 혹은 '맛이 어떤지 확인하기 위해서'이다. 나도 그런 이유로 지난주의 메뉴들을 선택했는데 어떤 음식은 만족도가 높았고 어떤 음식은 그저 그랬다. 배부름은 먹다 보니 경험하게 되는 결과일 뿐이었다. 이처럼 니체의 분석은 같은 행동을 다르게 이해할 새로운 관점을 제시한다. 차이는 우리의 관심이 미래에 있느냐 현재에 있느냐에 있다.

먹는 행위를 삶으로 확장해서 "우리는 왜 먹는가?" 대신 "우리는 왜 사는가?"를 질문할 수 있다. 삶의 목적을 미래에 두느냐 현재에 두느냐에 따라 오늘 하루를 살아가는 우리의 태도와 심리는 완전히 달라진다.

니체의 관점에서 우리는 무엇을 위해서 살아가는 존재가 아니다. 그냥 지금 살고 있을 뿐이고 되도록 즐겁게 살아가기를 바랄 뿐이다. 우리가 세칭 명문 대학교에 진학하고, 대기업에 취업하고, 남들이 부러워하는 배우자와 결혼하고, 나이 마흔 살쯤 수도권의 아파트를 소유하기 위해서, 그것들을 삶의 목적으로 삼고 살아간다고 생각해 보자. 이런 것이 '목적론적 사고'이다. 하지만 니체가 보기에 이런 것들은 살다 보니 따라오는 부산물, 혹은 열정적인 삶을 위한 하나의 자극일 뿐이지 우리가 살아가기 위한 이유나 목적이 될 수는 없다.

　니체는 이런 관점을 우리의 신체 기관에 비유해 설명했다.

> 무언가를 본다는 것은 눈이라는 기관의 일차적인 목표가 아니다. 우연히 눈이 만들어졌을 때 그런 기능이 있다는 사실이 드러났을 뿐이다.[131]

　눈이 보기 위해, 귀가 듣기 위해 만들어졌다는 건 너무나 당연한 사실이 아닌가? 아니다. 니체에 따르면 이는 목적론적 사고다. 진화론적 사고에서는 진화의 과정에서 우연히 눈이라는 기관이 만들어졌고 그 기관을 통해서 '봄'이라는 기능이 있다는 게 드러났을 뿐이다. 니체는 목적론적 사고가 우리의 삶에 커다란 오해와 고통을 가져온다고 보았다. 이번 장의 주제인 불안 또한 바로 이 목적론적 사고에서 비롯된다. 우리가 불안을 느끼는 이유는 **목적에 도달하지 못하거나 원하는 목적에서 멀리 떨어져 있다는 심리 때문이다.**

　자녀가 시각 장애를 갖고 태어났다고 가정해 보자. 아이는 자신이 장애를 갖고 있다는 인식조차 없다. 불안할 이유가 없다. 하지만 부모 입장에서는 아이의 눈이 '봄'이라는 목적을 제대로 달성하지 못하고 있기 때문에 불안과 걱정에 시달린다.

　그렇다면 불안을 제거하기 위한 첫 번째 단계는 우리의 머릿속에 있는 '목표'에서 자유로워지는 것이다. 그러면 또 이런 불안이 엄습할 것이다. 목표 없이 그냥저냥 살아가라고? 목적지향의 사고는 다르게 표현하면 미래지향적 사고인데, 미래지향이 뭐가 문제란 말인가?

하루를 그저 방탕하게 살라는 뜻은 아니다. 니체는 열정의 철학자가 아닌가. 우리에게 그런 조언을 했을 리 없다. **다만 목표가 지금의 나를 위해 존재하는지 아니면 내가 그 목표를 위해 존재하는지 구분해야 한다는 의미다.**

내가 목표 때문에 살아 있는 게 아니라면, 그 목표를 달성하지 못했더라도 내 삶을 부정할 필요는 없다. 배부름을 달성하지 못했다 하더라도 나의 식사를 실패라고 규정할 필요는 없는 것과 같다. 미래지향적 삶이 빛나기 위해서는 그 태도가 지금을 즐겁게 만들 수 있어야 한다.

강아지가 아니고서야 무엇을 먹을 때 배부르지 못할까 봐 불안해하지 않는다. 아니 강아지조차도 본능적으로 먹는 것을 빼앗기지 않으려 집착할 뿐 불안 없이 자유로운 상태인지 모른다. 우리도 자유를 누리고 싶다면 목표에 도달하지 못할까 불안해하는 습성을 버려야 한다. 그냥 오늘 하루 원하는 대로 살면 그뿐이다.

유명인의 강연을 믿지 말라

유튜브든 TV든 성공했다고 하는 사람들의 강연이 넘쳐나지만 니체를 접했다면 조금은 덜 신뢰하게 될지도 모른다. 니체가 방청객이었다면 그들이 일부러 거짓말을 했다고는 생각하지 않을 테지만 복잡한 삶을 간단하게 정리하는 이야기의 진실성에 의구심을 가질 것이다. 이미 지나간 일을 나중에 돌아보고 분석하는 순간 우리의 '이성'이 개입하기 때문이다. 우리의 이성은 삶의 진실을 왜곡하기 마련이다. 높이뛰기의 예시를 기억하는가? 한 순간도 중단하지 않는 역동적인 삶을 박제할 때 왜곡은 피할 수 없다.

니체가 보기에 그들의 성공은 일찍이 전략적으로 살아서 그렇게 된 것이 아니다. 열심히 살다 보니 '우연히' 그렇게 되었을 뿐이다.

> 배는 우연히 흘러가는 조류를 따라간다. 우리의 삶도 그렇다. 하지만 우리의 자만심은 지나간 삶을 더 대단하게 묘사하고 싶어 한다. 목표와 목적은 그런 이유로 나중에 덧붙여진 자기기만의 언어다. 우리는 목적의 개념을 비판해야 한다.[132]

내가 본 성공 강연의 레퍼토리는 대체로 비슷했다. 강연자는 자신이 한때 엄청난 무기력에 빠져 있다가 어떤 계기로 마음을 다잡고 열정적으로 산 끝에 뜻을 이루었다고 말한다. 그 순간 그는 청중을 향해 당신은 인생을 잘못 살고 있다고 꾸짖는 듯한 표정을 짓는다. 그러면서 성공하려면 나처럼 살아야 한다고 당당하게 설파한다. 졸지에 잘못된 인생을 사는 사람이 되어버린 청중은 굳은 표정으로 집에 돌아와 무언가 계획을 세운다.

우리는 이렇게 10년 후의 목표를 설정한 후 그로부터 거꾸로 내려와서 오늘 하루의 과제를 세우는 방식에 익숙하다. 하지만 니체는 목표를 세우기 전에도 즐거움을 찾을 수 있어야 한다고 생각한다. 그러기 위해서는 있는 그대로의 생을 직시해야 한다. 니체는 지금, 여기에 집중한다. 설령 목표나 꿈을 세우더라도 성공적인 결과에 집착하는 삶은 위험하다고 경고한다. 니체는 삶의 의의를 다리, 즉 과정에서 찾아야 한다고 보았다.

사람은 다리이지 목적이 아니라는 점 때문에 위대하다.[133]

발전은 행복이 아니라 발전 그 자체를 목표로 한다.[134]

위 두 문구는 니체의 서로 다른 책에서 발췌했고 표현은 다르지만 사실상 같은 내용이다. 개인적으로 니체의 글 중 가장 멋지다고 생각하는 것들이다. 니체의 사상과 세계관을 압축적으로 담고 있기 때문이다.

　우리가 다리를 건너는 이유는, 산을 오르는 이유는, 자기계발을 도모하는 이유는, 공부하는 이유는, 광대가 밧줄을 타는 이유는, 피아노를 배우는 이유는, 테니스를 치는 이유는, 주식을 사는 이유는, 그 결과 도달할 수 있는 목표를 위해서가 아니다. 목표는 그러한 행동을 위한 하나의 자극에 불과하다.

　우리 사회가 강조하고 강요하는 '꿈' 또한 니체의 관점에서 다시 검토할 필요가 있다. 니체의 경고는 우리 교육 전반에 걸쳐 있는 아주 중요한 쟁점을 드러낸다. 우리 사회는 코흘리개부터 성인이 된 대학생에게까지도 "너는 왜 꿈이 없니?"와 같은 질문으로 불필요하게 불안감을 부채질한다. 꿈은 미래에 대한 욕망을 가질 때 자연스럽게 만들어진다. 운 좋게 꿈을 발견했다면 그것을 향해 나아가면 된다. **하지만 동시에 꿈이 삶을 위해 존재할 뿐이지 삶이 꿈을 위해 존재하지 않음을 분명히 인식해야 한다.**

　니체의 표현을 따르면 우리는 '하루하루 즐거움을 실험하기 위해' 살아가고 있다. 꿈을 위해 살아간다고 생각하는 순간 우리의 하루는 허접스러운 24시간으로 전락하고 만다. 미래의 행복도 성공도 부도 허상이다. 우리의 인생은 언제나 미완성이고 니체의 말대로 언제나 다리일 뿐이지 목적이 아니기 때문이다.

니체는 목적론적 사고의 원조인 플라톤을 비판하며 '무엇을 위해서'를 배우지 말라고, '무엇을 목표로' '무엇 때문에' 어떤 일을 하지 말라고 한다.[135] 잘 알려진 플라톤의 이데아론에 따르면 세상 너머 눈에 보이지 않는 곳에 이데아라는 진리, 아름다운 목표가 있고 우리가 살아가는 세상은 이데아의 모방에 불과하다. 이 이론은 아름다운 이상을 보여준다. 하지만 다른 한편 우리가 발 딛고 살아가는 세상을 허접한 것으로 폄하한다.

플라톤은 동굴의 비유를 들어 우리가 어떤 삶을 살아야 하는지도 보여주었다. 그는 우리를 깊은 동굴 안쪽에서 태어나고 자라 한 번도 바깥세상을 구경한 적 없는 존재로 가정한다. 게다가 우리는 늘 입구 쪽이 아니라 안쪽 벽을 바라보고 있다. 낮에 등 뒤에서 햇빛이 들어오면 동굴 벽에 우리 몸의 그림자가 생기고 우리는 그 환영을 세상의 진짜 모습이라고 착각한다. 플라톤은 우리가 용기를 내어 회심해서 방향을 바꾸어야 한다고, 그렇게 동굴 밖으로 나가야 한다고 말한다. 그런 사람만이 동굴 바깥의 아름다운 진짜 세상(이데아)을 볼 수 있기 때문이다.

니체는 우리가 살아가는 이 땅을 별 볼 일 없는 곳으로 전락시키고, 나중의 영광을 위해 지금을 허접하게 만드는 플라톤의 사고방식을 혐오했다. 플라토닉하게 살고 싶은가, 아니면 니체스럽게 살고 싶은. 서양철학의 역사는 플라톤의 사유에 대해 떠들어댄 이야기일 뿐이라고 한 후대의 평가처럼 이데아와 현실 세계를 나누는 플라톤의 이분법은 오늘날까지도 우리의 사유에 지대한 영향을 끼치고 있다. 니체는 그 이분법의 구도를 역전시키려 했으니 그때까지 이어져 온 서양철학의 기본 질서를 뒤흔든 시도라고도 평가할 수 있다.

니체는 우리가 이데아라는 목표에 종속되면 자유를 잃고 노예 같은 삶을 살게 될 수 있다면서 우리에게 강력한 경고를 보냈다. 이데아에 속지 말고, 나중이라는 말에 속지 말라고. 그리고 부디 지금과 여기에 집중하며 즐겁게 살라고.

참을 수 있는 가벼움 속으로

소설 『참을 수 없는 존재의 가벼움』에서 밀란 쿤데라는 삶을 짓누르는 '무거움'과 그에 대비되는 '가벼움'을 다룬다. 쿤데라는 가벼움과 무거움이라는 모티브를 고대 그리스의 철학자인 파르메니데스와 니체의 글에서 발견했으며 소설 속에는 그것이 투영된 세 인물이 등장한다. 참을 수 없이 가벼운 연애를 추구하는 사비나와 영원하고도 무거운 사랑을 추구하는 테레자, 그리고 가벼운 사랑과 무거운 사랑 모두를 공유하는 토마시가 그 주인공이다.

워낙 유명한 소설이다 보니 경박한 행동을 하는 사람을 보고

"참을 수 없이 가볍다"는 비판을 하곤 한다. 하지만 이 책은 제목이 그러할 뿐 가벼움을 비난하는 책이 아니다. 소설의 메시지를 온전히 제목에 반영하자면 '존재의 참을 수 없는 가벼움과 무거움'이어야 한다. 어찌 보면 우리의 삶은 늘 가벼움과 무거움 사이에서 고민하는 순간들의 연속인지도 모른다.

니체는 무거움을 싫어했다. 그는 중력과 같은 삶의 무게에 저항했고 춤을 추는 신을 원했고, 날아갈 듯한 가벼움과 자유를 추구했다. 그래서 우리를 짓누르는 도덕, 관습, 의무, 규정된 선의 관념도 싫어했다. 니체는 소설 속 사비나처럼 동시에 여러 남자와 연애를 하면서 한 명의 파트너에게는 실례가 되는 삶을 살자고 한 것일까? 그것까지는 알 수 없지만 적어도 도덕의 무게감에 짓눌리는 삶을 원하지 않았음은 분명하다.

앞서 다룬 목적지향의 사고방식을 가벼움과 무거움의 테마로 끌고와 보자. 목적지향적 사고는 우리의 삶을 무겁게 만든다. 대학 입시를 위해 살아가는 우리나라 고등학생들이 짊어지는 무거움에 수능 날 아침이면 뭇 어른들마저 미묘한 초조함을 느낀다. 지폐 속 율곡이나 퇴계와 같은 유학자들의 근엄하고 엄숙한 표정을 보면 도덕을 강조하는 삶 역시 무겁다. 2000년대 초반 사라진 국민교육헌장은 "우리는 민족중흥의 역사적 사명을 띠고 이 땅에 태어났다"라는 문장으로 시작하는데 더없이 무겁다. 입시를 위해, 민족을 위해, 신을 위해, 도덕을 위해, 사회를 위해 사는 삶에는 얼마나 무거운 짐이 얹어져 있는가.

개인의 영달이 아니라 공동체의 숭고한 가치를 추구하는 이들은 니체에게 실망할 수도 있다. 물론 니체는 개인주의자가 맞다. 하지만 그의 글을 차분히 읽어본 사람이라면 그가 독일과 유럽, 나아가 인류의 문명에 대해 엄청나게 많이 고민했음을 알 수 있다. 그는 인류의 문명이 무거움에 시달리는 모습을 '데카당스(몰락)'라고 말했다. 이때 **데카당스는 개인의 도덕적 타락이 아니다. 오히려 도덕 때문에 개인의 생명력과 본능이 쇠퇴하는 현실이다.** 창의적이고 즐겁고 자유롭고 생명력 있는 의지로 충만한 가벼운 개인이 아니라 도덕과 관습의 무거움에 짓눌린 개인이 모인 공동체의 전반적인 퇴락을 비판한 것이다. 그렇다면 니체가 타인과 공동체에 무관심했다는 비판은 옳지 않다.

만약 당신이 니체스러운 삶을 추구하고 싶다면 지금보다 가벼워져야 한다. 가벼움은 자유의 다른 이름이기도 하다. 혹시나 너무나 가벼워져서, 참을 수 없이 가벼워져서, 경박함이라는 좋지 않은 느낌이 든다면 참을 수 있는 가벼움 정도에서 그치는 것도 괜찮다.

어쨌든 가벼움을 위해서는 '우연'을 즐기는 태도가 필요하다. 우연의 사전적 정의는 '아무런 인과 관계가 없이 뜻하지 아니하게 일어난 일'이다. 우연은 뜻하지 않게 다가올 미래에 열려 있다. 가뿐하다. 반면 과거와 미래가 결정되어 있는 필연 혹은 운명은 무겁다. '반드시' '절대로' '무슨 일이 있어도' '결단코'와 같이 결연함을 강조하는 부사는 더없이 무거운 느낌을 준다. 반면 '혹시' '예상치 않게' '문득' '난데없이' '불현듯'과 같은 부사는 가벼운 느낌을 준다.

우연의 작용을 보자. 예전에 모 유명 작사가를 대학에 초청해 특강을 진행했는데 그는 예기치 않게 지각을 했다. 규모 있는 특강에서 강사가 지각하는 경우는 흔치 않다. 100명이 넘는 학생이 그를 기다리는 가운데 담당자는 썰렁한 상황을 해결하기 위해 그 작사가의 히트곡이 담긴 뮤직비디오를 틀어주었다. 좋아하는 노래가 웅장한 사운드로 울려 퍼지자 학생들은 15분간 노래를 따라 부르기도 하고 일어나 춤을 추기도 하며 흥겨워했다. 그런 분위기에서 등장한 강연자도 편안하게 특강을 진행했다. 강연은 전례 없는 만족도 지표를 기록하며 성공적으로 마무리되었다. 날아갈 듯한 가벼움과 유쾌함은 이처럼 예상하지 못한 우연에서 펼쳐진다.

이번 장을 마무리하며 다시 한번 강조하지만 목표를 위해 열정을 쏟는 지금이 즐거워야 한다. 목표를 세운 후 그에 따르는 의무감이 스스로를 짓누르지 않도록 하자. 그리고 우연의 발로 춤추는 경험을 조금씩 넓히자. 초조함, 불안함, 강박과 같은 당신 안의 감정이 서서히 옅어질 것이다.

우연이라는 신은 세상에서 가장 오래된 귀족이다. 나는 이것을 만물에 돌려주어 그것들이 목적에 얽매인 노예 상태에서 벗어나게 했다.[136]

우리의 삶에서 지혜가 조금이라도 작동하는 건 사실이다. 하지만 나는 다음을 확신하기에 행복하다. 만물은 '우연이라는 발로 춤추기를 원한다.[137]

지금으로부터 10년 후 나의 목표를 떠올려보자. 불안해지는가? 그러지 말자. 10년 후 당신은 꼭 그 모습이 아니어도 괜찮다. 그보다 지금 유쾌할 수 있는지 묻자. 지금 웃을 수 없다면 그건 괜찮지 않다. 니체를 만났다면 당신은 지금이 행복해야 하기 때문이다.

니체
처럼 —— 불안과 멀어지기

니체는 신이라는 종의 자리를 이제 돈이 꿰찼고, 그 때문에 우리가 끊임없이 불안해진다고 분석했다. 그러면서 우리가 불안함을 느끼지 않으려면 '무엇을 위해서' 배우지 말고 '무엇을 목표로' '무엇 때문에' 살지 말아야 한다고 말했다. 우리는 오늘 하루를 원하는 대로 살아야 하며 때로는 지금을 생각하는 태도가 그런 하루를 만들어준다. 목적론적 사고에서 탈피하는 사례를 보고 당신이 겪고 있는 불안과 그 해결 방안에 대해 니체식으로 생각해 보자.

목적론적 사고에서 탈피하는 사례

불안: 원하는 대학, 학과에 들어가지 못했다.
해결: 아쉽기는 하다. 하지만 나는 목표하는 대학에 입학하기 위해 살아오지 않았기 때문에 내 청소년기를 실패로 규정하지 않을 것이다.

불안: 내 나이 50인데 모아놓은 돈이 이것밖에 없다.
해결: 우리가 부를 욕망하더라도 그것이 우리 삶의 목적이나 이유가 될 수는 없다. 살아감은 그냥 살아감이고 굳이 목적을 대자면 우리는 즐겁기 위해 살아간다. 돈이 없어도 즐겁게 살아가는 사람은 많다.

불안: 아이가 시험에서 75점을 받았다.
해결: 틀린 문제를 점검해서 다음에 틀리지 않도록 지도하면 된다. 점수는 아이가 해야 할 과제를 알려주는 데이터지 불안함을 느껴야 할 이유는 없고 큰일이 일어나지도 않는다.

인간은 목적을 세우고 거기에
스스로를 종속시키려는 본능이 있다.
이것이 강박과 불안의 원인이다.
우리는 꿈을 위해 살아가는 존재가 아니다.
꿈이 지금의 행복을 위해 작동하도록 하라.

니체는 우리의 삶을 이렇게 설명했다.
"삶이란 무엇인가? 죽으려고 하는 의지를
끊임없이 제거하는 것이다."

의지

승리의 에너지로
춤추듯 살고 사랑하라

Nietzsche, the First
Psychologist: Live for No
One but Yourself

당신의 열정은 저녁놀처럼 빛나야 한다

　우리의 정서를 담는 언어에는 사전적 의미를 넘어서는 미묘함과 섬세함이 있다. 그 뉘앙스의 차이를 어떻게 활용하느냐에 따라 같은 의미인데 다른 느낌을 주기도 하고 다른 의미인데 같은 느낌을 주기도 한다. 예를 들어 김소월 시인이 사랑하는 이와 헤어질 때, "죽어도 아니 눈물 흘리오리다" 대신 "정말 울고 싶습니다"라고 썼다면 한국인의 애송시는커녕 평범한 시도 되지 못했을 것이다. 같은 말이지만 전혀 다른 느낌을 준다. 반대로 가수 김범수의 〈보고 싶다〉를 들어보면 "죽을 만큼 보고 싶다"라고 한 후 "죽을 만큼 잊고 싶다"로 마무리한다. 누군가를 보기 바라는 것과 잊기 바라는 건 다른 말이지만 마지막 가사는 같은 의미를 더 절실하게 전달한다.

언어의 독특한 느낌을 『그리스인 조르바』에서도 발견할 수 있다. 60대의 조르바가 아흔이 넘은 노인을 만나 이야기하는 대목이다.

어느날 나는 조그만 마을로 갔습니다. 갔더니 아흔을 넘긴 듯한 할아버지 한 분이 바삐 아몬드 나무를 심고 계시더군요. 그래서 내가 물었지요.
"아니, 할아버지. 아몬드 나무를 심고 계시잖아요?"
그랬더니 허리가 꼬부라진 이 할아버지가 고개를 돌리며,
"오냐, 나는 죽지 않을 것처럼 산단다."
내가 대꾸했죠.
"저는 금방 죽을 것처럼 사는데요."
자, 우리 중 누가 맞을까요, 두목?[138]

이 대화에는 '어떻게 살 것인가?'라는 굵직한 철학적 질문에 대한 답이 제시되어 있다. 두 사람의 삶의 태도 중 누구의 것이 더 옳을까?

실은 둘은 같은 이야기를 하고 있다. 영원히 죽지 않을 것처

럼 사는 사람은 나이가 아흔이든 예순이든 혹은 더 어리든 간에 오늘 한 그루의 아몬드 나무를 심을 수 있다. 당장 내일 죽을 것처럼 사는 조르바 같은 사람 또한 오늘 하루를 결코 헛되이 보내지 않을 것이다.

니체는 우리에게 사는 날까지, 혹은 죽는 날까지 다음과 같이 살라고 말한다.

죽는 순간에도 그대의 정신과 덕은 저녁놀처럼 빛나야 한다.[139]

니체는 일찍이 요양을 위해 이곳저곳을 여행했기 때문에 다른 철학자들에 비해 자연과 더불어 살았다고 할 수 있다. 그는 특히 태양을 좋아해서 자주 글의 소재로 삼았다. 앞서 소개한 것처럼 그는 나폴리의 저녁놀을 보면서 눈물을 흘리기도 했고 그의 저술 중에는 『아침놀』이라는 책도 있다. 또한 해가 이글거리는 정오를 좋아해서 『차라투스트라는 이렇게 말했다』에 '위대한 정오'를 노래하는 대목을 남기기도 했다. 그 자신도 또 자신의 글을 읽는 우리도 태양처럼 뜨겁게 살기를 바랐기 때문일 것이다.

태양은 니체의 '힘에의 의지'를 상징한다고 볼 수 있다. 어둠은 여명이 밝아오기 직전에 가장 짙다. 그런 어둠을 뚫고 한 생명이 탄생하는 역동적이고 희망적인 상황이 아침놀이라면, 정오는 다소 거칠지만 정신적으로 또 육체적으로 힘에의 의지가 가장 충만한 청년기를, 그리고 저녁놀은 그 어느 때보다 아름답고 강렬하게 의지를 드러낼 수 있는 인생의 황혼기를 보여주는 게 아닐까.

『그리스인 조르바』는 인간의 삶에서 열정과 힘에의 의지가 어떻게 드러나는지 잘 보여주는 작품이다. 소설 속의 노인이나 조르바처럼 삶과 죽음에 대해 나름의 철학을 갖춘 사람은 자신의 나이가 예순이라고, 혹은 언제 죽어도 이상하지 않은 아흔이라는 이유로 쉽게 열정을 거두지 않는다.

나이뿐 아니라 몸의 상태도 열정을 거두어들일 조건은 아니다. 니체는 죽음이 목전에 있음을 예감하는 극심한 고통 속에서도 삶에의 열정을 유지하고 싶어 했다. 우리가 건강하든 조금 아프든 많이 아프든, 니체는 우리가 열정을 포기하지 않기를 바란다. 그 자신도 그런 고통 속에서 많은 작가에게 강한 영감을 준 문장을 남겼다.

나는 누구의 글이든 피로 쓴 것만을 사랑한다. 피로 쓰라.[140]

나도 니체를 만난 후에는 글을 쓸 때 늘 이 문장을 떠올린다. 누군가에게 전하는 이야기에 진심이 담겨 있는지, 열정이 담겨 있는지 돌아본다. 하나 마나 한 이야기, 읽으나 마나 한 글, 글을 위한 글, 쓰기 위한 쓰기는 모두 버리려고 한다. 물론 그렇게 남겨진 글이라도 판단은 오직 독자의 몫이지만.

기쁨은 행복보다 쉽다

니체의 열정은 무엇을 향하고 있을까? 니체는 위대함에 관심이 많았다. 그는 바그너의 음악, 나폴레옹과 같은 영웅에게서 위대한 열정을 발견했고, 스스로도 철학과 심리학에서 위대한 업적을 남기고 싶어 했다.

한편으로 그는 술 취한 디오니소스나 미천한 신분의 광대, 심지어 철없는 어린아이에게서도 초인의 모습을 발견했다. 그의 철학은 궁극적으로는 위대한 열정을 이야기하더라도 출발은 소소한 일상의 열정, 즐거움에서 시작했다. 이 사실을 알아야만 그의 사상을 제대로 이해할 수 있고 자신의 삶에 적용할 수 있다.

수많은 가요가 사랑을 노래하지만 그래서 '지금 행복하다'고 직접적으로 고백하는 가사는 많지 않다. 대신 헤어진 후 '돌이켜 보니 그때는 행복했었다' '다시 돌아온 그대를 행복하게 해 드리겠다' '비록 당신은 나를 버렸지만 나는 당신의 행복을 기원한다'라고 말한다. 지나간 시절을 돌아보거나 미래의 바람을 이야기할 때 행복이라는 말을 더 자주 쓰는 것이다.

우리가 일상에서 행복을 이야기할 때도 주로 가정법을 쓴다. '(지금은 아니지만)나중에 만약 ~하게 되면 행복해질 거야'라는 식이다. 이처럼 행복은 당장 손에 잡히거나 체감되는 언어가 아니다.

반면 기쁨은 행복보다 가볍고 쉬운 느낌이다. '행복하게 살기'와 달리 '기쁘게 살기' '즐겁게 살기'는 누구나 할 수 있을 것 같다. 돈이 없으면 행복할 수 없다고 여기지만, 돈이 없어도 기쁨은 느낄 수 있다고 생각한다. 그렇다면 목표를 행복한 하루에서 기쁜 하루로 바꾸면 어떨까? 결국 기쁨을 추구하는 태도가 우리를 행복으로 이끌 수 있지 않을까?

가벼움의 철학자인 니체는 행복의 이런 속성을 간파했던 것 같다. 니체처럼 "행복이 삶의 목표가 아니다"라고 규정하는 철학자는 만나기 어렵다. **니체가 관심을 가진 것은 미래의 행복이 아니라 지금의 쾌감, 혹은 즐거움이었다.** 그는 자주 웃음을 이야기했다.

소크라테스 이래 행복은 모든 사람이 원하는 궁극적 상태로 여겨졌다(소크라테스는 앎, 미덕, 행복 세 가지가 일치한다고 본다). '사람은 행복을 추구한다'가 진리가 되어 헌법에도 명시되었다. 하지만 스피노자나 니체처럼 인간의 감정을 깊이 있게 탐구한 철학자들은 우리의 그런 생각이 바뀌기를 바란다. 스피노자의 감정 철학은 간단하고 쉽다. 그는 기쁨을 늘리고 슬픔을 줄이는

열 번째 마음 수업

삶을 실천해야 한다고 본다.

반면 니체의 심리학에서 슬픔은 더 세밀하고 심도 있게 다뤄진다. 니체는 고통과 절망의 감정도 긍정하기 때문이다. 그저 감정을 받아들이는 정도가 아니다. 고통과 절망이 있어야 즐거움을 누릴 수 있다고 여긴다.

니체가 거부하는 슬픔의 정서는 고통과 절망이 아니라 무기력이다. 니체에게서 고통과 절망은 미래지향적이다. 그것들을 딛고 나아갈 수 있다. 하지만 '후회'는 과거지향적이어서 아무런 발전 가능성도 주지 않고 결국 무기력으로 귀결된다. 니체는 후회와 같은 감정을 극복하려고 부단히 애썼다.

사진에서는 그토록 우울해 보이는 니체가 즐거움과 재미를 추구했다니 어색하게 느껴질 수 있다. 하지만 그는 "즐거움이 없으면 삶도 없다"면서 우리가 즐거움을 향한 '투쟁'을 해야 한다고까지 말했다. 영원회귀의 허무주의를 극복하기 위해 스스로를 비웃으라고 한 그다. 니체에게 웃음은 삶을 극복하는 수단이었다.

그렇다면 즐거움을 미뤄서는 안 된다. '곧 환경이 바뀔 거야' '곧 원하던 바가 이뤄질 거야'라고 말하며 즐거움을 유예하지 말자. 니체의 심리학에서는 불쾌감과 쾌감이 멀리 있지 않고 같은 끈으로 연결되어 있다. 마음먹기에 따라 지금의 불쾌감이 금방 쾌감으로 바뀔 수 있다. 중요한 건 감정을 대하는 우리의 태도와 습관이다.

그렇다면 어떻게 좀 더 효율적으로 즐거워질 수 있을까? 매일 수월하게 달성할 수 있는 즐거운 일의 목록을 만들자. 이때 즐겁다는 건 내 몸이 반응을 일으킨다는 의미다. 가요·클래식·재즈와 같은 청각, 드라마·영화·그림과 같은 시각, 한식·양식·중식과 같은 미각을 동원하자. 행복은 머릿속의 개념인지 몰라도 즐거움, 쾌감, 기쁨은 모두 몸을 통해 얻는 정서다.

이성보다 감정을 중시한 니체에게 몸에 대한 관심은 필연적인 귀결이었다. 그래서 니체는 잘 먹고 잘 마시고 잘 자는 것이 즐거운 인생을 위한 궁극의 기술이라고까지 이야기했다. 정말 행복해지고 싶다면 거창하고 추상적인 것을 떠올리지 말자. 오늘 하루 니체가 조언한 궁극의 기술을 실천하고 그를 통해 다양한 정서를 느끼자.

행복 대신 감각적인 즐거움을 실천하는 삶을 살기로 했다면 이제 니체 심리학의 마지막 주제라고 할 수 있는 '힘에의 의지'를 실천하는 방법을 알아보자.

힘에의 의지를 실천하는 법

니체의 대표적인 사상인 '힘(권력)에의 의지'라는 말을 들어 본 적 있을 것이다. 그는 자신의 심리학에 대해 이렇게 자평했다.

심리학을 나처럼 '힘에의 의지'라는 개념으로 이해하는 시도는 지금껏 누구도 상상조차 해본 적이 없다.[141]

니체 철학의 핵심으로 알려진 힘에의 의지 또한 인간의 심리를 이해하기 위한 도구였던 것이다. 영어로는 'will to power'라고 하는데, '~에의'라는 표현 때문에 생소한 느낌이 들지만 어렵지 않다. 누구나 더 많은 힘, 능력, 역량 등을 갖고 싶어 하지 않나. 이를 두고 '힘에의 의지(열망)'를 갖고 있다고 말한다.

한편 힘을 얻으려는 의지 외에 가지고 있는 힘을 발휘하려는 의지도 있다.

두 가지 힘에의 의지

1. (지금은 없는) 힘을 얻으려는 의지
2. (가지고 있는) 힘을 발휘하려는 의지

힘과 의지 중 힘이 무엇인지부터 살펴보자. 정신의 힘은 정신력, 육체의 힘은 체력, 돈의 힘은 재력이라고 한다. 니체가 추구하는 힘은 정신과 몸, 물질 모두를 지칭하고 어느 쪽이든 '무력(무기력)', 즉 힘을 상실하는 상황을 싫어했다.

이 이야기를 듣고 '나는 힘이 없는데'라며 절망해서는 안 된다. **니체가 원하는 대로 강해지는 데 출발점은 아무런 문제가 되지 않는다.** 예를 들어 달리기 능력으로 당장 우사인 볼트를 이길 사람은 없다. 하지만 우사인 볼트만큼 빨리 달리지 못한다고 자신을 다그치거나 자존감을 떨어뜨려서는 안 된다. 그저 지금의 기록을 출발점으로 삼아 힘에의 의지를 발휘하면 된다.

정신의 힘도 마찬가지다. 자녀가 수학 시험에서 65점을 받아 왔다고 하자. 65점이라는 점수 자체는 100미터 달리기에서 20초라는 기록과 마찬가지로 죄가 아니다. 수학 문제를 푸는 능력도 힘이기 때문에 그런 힘에의 의지를 갖는 건 권장할 일이다. 하지만 의지가 100점을 향해 있다는 말이 지금 내가 100점을 맞아야 한다는 말은 아니다.

100미터 달리기든 수학 시험이든 오늘의 기록이나 점수 때문에 자책하고 우울함에 빠지는 것은 힘에의 의지를 죽이는 일이다. 지금 주어진 20초 혹은 65점부터 더 큰 힘을 향해 나아가면 충분하다. 니체가 싫어하는 것은 포기와 무기력이지 지금의 상황이 아니다.

실화 기반의 영화 〈소울 서퍼〉(2011)는 장애를 가진 사람이 어떻게 힘에의 의지를 실천하는지 보여준다. 베서니 해밀턴은

열 번째 마음 수업

서핑을 즐기는 부모 밑에서 자라며 서퍼라는 꿈을 키워왔는데 열세 살에 서핑을 하다 상어의 공격으로 한쪽 팔을 잃어버린다. 하지만 그녀는 꿈을 포기하지 않았고 사고 한 달 후부터 연습을 재개했다. 한쪽 팔 없이 균형 잡는 법을 완벽히 익힌 그녀는 한 손으로 패들링이 가능한 핸들이 장착된 특수 보드를 타고 지금도 세계 대회에 출전하고 있다.

20초도 65점도 한쪽 팔이 없는 것도 나이가 90이 넘은 것도 힘에의 의지를 실천하지 못하는 조건이 되지 않는다. **니체는 가진 힘을 발휘하려고 하지 않는 모습을 가장 부끄럽게 생각했다. 그리고 그 힘을 통해 무언가를 '지배'해야 한다고 요구했다.**

당신은 힘을 가졌는데도 지배하려고 하지 않는다. 이것이 당신의 가장 용서받지 못할 일이다.[142]

'지배'라는 말 때문에 앞선 이야기와 다른 느낌이 들 수 있다. 장애를 극복하는 힘에의 의지는 도덕적이고 훌륭하다는 느낌이 드는 반면 이 메시지에서 보이는 힘에의 의지는 비도덕적이고 이기적인 느낌이 들 수 있다. 하지만 니체에게 더 나은 삶의 태도를 배우고 싶다면 바로 그런 느낌에 저항하고 극복해야 한다. 니체의 심리학에서 양보는 미덕이 아니기 때문이다. 도토리를 10개 가진 내가 3개 가진 사람에게 몇 개 나눠 주는 건 자유다. 그럼에도 자신의 힘(권력)을 쉽게 포기하는 태도는 니체의 시각에선 '용서받지 못할 행동'이 될 수도 있다.

친구 사이에서도 직장 동료 사이에서도 어설픈 동정심과 양보는 미덕이 아니다. 자신이 멋지고 당당하게 강해지는 모습만으로도 주변 사람에게 긍정적인 영향을 줄 수 있다. 알량한 권력을 휘두르는 사람도 있겠지만 어쨌든 가진 힘은 아끼지 말고 발휘하며 드러내야 한다. 힘과 힘이 충돌할 때는 '별들의 우정'을 떠올리면서 페어플레이 하는 모습이 바람직하다. 니체는 그저 착하기만 한 사람을 싫어했다.

인간은 왜 극단적인 선택을 할까?

힘 다음으로 의지가 무엇인지 살펴보면서 우리의 심리가 작동하는 방식을 이해해 보려 한다.

우리는 종종 의지에 대해 말한다. '의지력이 부족해' '의지를 가져!'와 같은 말은 우리 안에 복숭아씨와 같은 하나의 '나(자아)'가 있음을 전제한다. 하지만 니체는 인간을 복숭아가 아닌 양파와 같은 존재로 보았다. 그가 고정된 자아 대신 선택한 것은 감정과 정서다. 그의 심리학에서 '내면의 나'는 여러 감정과 정서가 경쟁을 펼치는 모습일 뿐이다.

열 번째 마음 수업

자아가 없는 나는 의지 또한 마음대로 조종할 수 없다. 흔히 말하는 '자유의지'가 없는 것이다. 대신 나의 의지는 여러 감정이 서로 경쟁한 결과 드러나는 감정 혹은 서로 경쟁하는 여러 감정 중 하나다. 니체의 설명을 들어보자.

하나의 단어로 표현하니 단순해 보이지만 실은 '의지'란 복잡한 것이다. 모든 의지 안에는 다양한 감정이 있다. 어떤 상태에서 벗어나려는 감정도 있고, 어떤 상태가 되려는 감정도 있고, 또 이런 감정들에 대한 감정도 있다.[143]

어떤 감정을 극복하려는 의지는 단지 또 다른 감정의 의지일 뿐이다.[144]

정리해 보자. 우리 내면에는 여러 감정이 서로 경쟁하고 싸우고 있다. 그리고 그 경쟁의 결과물이 하나의 의지인 것처럼 느껴질 뿐이다. 니체가 왜 감정의 철학자인지 다시 한번 확인할 수 있는 대목이다.

니체가 말하는 의지

충동, 욕망, 본능,
정서, 감정, 감성 $\Rightarrow$ **Will to Power**   힘의
(사랑, 호감, 혐오…)   힘에의 **의지**가 생김 $\Rightarrow$ 확장이 $\Rightarrow$ 쾌감,
의 경쟁   느껴짐   우월감

"모든 것이 힘의 느낌을 주는 것처럼 행동하고 사유하라."
『유고(1880-1881)』

니체는 이와 같은 의지 개념으로 우리의 삶을 정의했다.

삶이란 무엇인가? 죽으려고 하는 의지를 끊임없이 제거하는 것
이다.[145]

매 순간 경쟁하며 충돌하는 인간의 내면은 매우 복잡하고 그
래서 사람의 행동은 단순하게 이해하거나 규정할 수 없다. 누군
가 극단적인 선택을 했다면 그는 어느 날 갑자기 자살한 것처
럼 보일 뿐 내면에서는 복잡한 투쟁의 양상이 이어졌을 것이다.
그런 선택을 생각해 본 적이 없는 사람이더라도 어느 날 갑
자기 비슷한 행동을 할 수 있다. 지금 이 순간에도 우리 안에는

죽고자 하는 감정이 작동하고 있기 때문이다. 다만 **죽고 싶다는 생각이 겉으로 드러나지 않는 이유는 우리 안에는 살고자 하는 의지가 더 강하게 자리 잡고 있기 때문이다.** 이처럼 '나'라는 복숭아씨와 자유의지라는 개념을 버리면 내 안에서 어떤 일이 벌어지는지 더 면밀히 이해할 수 있게 된다.

감정의 움직임이 좀 더 격정적일 때 니체는 '충동'이라는 표현도 쓴다. 니체는 "밋밋한 즐거움을 얻느니 차라리 불쾌감을 주는 격렬한 충동을 얻고 싶다"라고 이야기했다. 그리고 모든 위대한 인물은 충동에 의해 자신의 삶을 일으킬 탄력을 얻는다고 보았다.

물론 니체도 충동이 부작용을 일으킨다는 사실을 잘 알고 있었지만 부작용보다 이점이 더 크다고 생각했다. 또 그런 감정의 움직임이 있어야 무기력에서 탈피할 수 있다고 보았다. 그래서 니체는 다음과 같이 다소 위험한 이야기까지 했다.

악한 충동도 선한 충동만큼 쓸모 있고 꼭 필요하다. 다만 그 기능이 다를 뿐이다.[146]

예를 들어 배우자나 연인을 두고 다른 누군가와 사귀고 싶은 충동이 생겼다고 하자. 배우자 입장에서는 당연히 악한 충동이다. 하지만 니체에 따르면 이 충동을 느꼈다고 죄책감을 가질 필요는 없다. 그 충동을 실천으로 옮길지 말지는 본인의 선택인데, 만약 옮기지 않았다면 아무 문제가 발생하지 않으며 내면이 강한 자극을 받아 삶을 향한 의욕이 강화될 수 있다. 그 결과 오히려 둘의 관계에 긍정적인 영향을 끼칠 수도 있다. 그러니 충동을 일부러 만들어낼 필요는 없지만 자연스럽게 발생하는 충동을 억제하거나 그런 충동을 가진 스스로를 책망할 필요는 없다.

그렇다면 충동을 실천으로 옮기는 경우는 어떨까? 여러 가지 문제가 발생하겠지만 그 경우에 니체는 별다른 조언을 하지 않는다. 알다시피 그는 도덕에 대해 이러쿵저러쿵 이야기하지 않기 때문이다. 악해 보이는 충동이라도 그 힘이 우리 내면을 자극해 긍정적인 역할을 할 수 있다는 것까지만 그를 통해 이해할 수 있다.

삶을 향한 의지

니체가 힘에의 의지를 통해 도달하고 싶었던 곳은 어디일까? 그는 우리를 어떤 모습으로 이끌고자 했을까?

힘에의 의지가 충만할 때 우리는 에너지와 활력을 느낀다.

의지를 발현한 결과 실제 힘(권력)을 획득했다면 만족감이 드는 것이 당연지사다. 예를 들어 테니스를 배운 지 얼마 안 된 사람이 연습 끝에 '총알서비스'를 성공시켰다고 하자. 전에 없던 능력을 얻었다는 사실에 뿌듯함과 기쁨이 밀려올 것이다. 이전보다 강해지려는 의지에 충실했기 때문에 새로운 즐거움과 쾌감을 얻은 것이다.

이렇게 생긴 의지는 여러 가지 행동으로 드러날 수 있다. 모두 자신의 힘을 과시(발휘)하는 것과 관련이 있다.

행복의 첫 번째 효과는 힘이 생겼다는 감각이다. 그리고 그 힘을 스스로와 다른 사람에게 표현하고 싶어진다. 자신에게, 혹은 남에게 선물을 주기도 하고 조롱하기도 하고 파괴하기도 한다. 이 세 가지는 다른 것 같지만 동일한 내면의 깊숙한 충동에 기인한다.[147]

총알서비스를 성공시킨 사람은 다른 사람에게 자신이 총알서비스를 할 수 있음을 과시하려 할 수 있다(표현하려는 욕구). 때로 다른 사람도 그런 서브를 넣을 수 있도록 친절하게 가르쳐주기도 한다(선물하려는 욕구). 한편으로는 무능한 상대편에게 게임을 제안한 후 확실하게 꺾어 패배감을 안겨줄 수도 있다(조롱하고 파괴하려는 욕구).

선물을 주는 행위와 조롱하는 행위는 완전히 다른 모습이다.

하나는 선해 보이고 다른 하나는 악해 보인다. 하지만 니체는 상반된 행동의 원인을 동일하게 본다. 힘을 발휘하고자 하는 충동이다. 니체가 인간의 행동을 이해하는 기준이 상당히 단순하다는 점을 알 수 있다.

실제 삶에는 오직 강한 의지와 약한 의지가 있을 뿐이다.[148]

내면에서 싸우고 있는 여러 의지 가운데 강한 의지가 행동으로 표출된다. 선물을 베풀고자 하는 의지가 강하면 그런 행동으로 드러나고, 누군가를 괴롭히고자 하는 의지가 강하면 그런 행동으로 드러난다. 살아보려는 의지와 죽으려는 의지 또한 이와 같은 경쟁 구도에 있다. 그래서 우리는 내면의 심리가 어떤지에 따라 외부에서 볼 때 선한 사람이 될 수도 있고 악한 사람이 될 수도 있다. 멀쩡하게 잘 살다가도 어느 날 극단적인 선택을 할 수 있다.

누누이 이야기한 것처럼 니체는 도덕적인 삶을 이야기하지 않는다. 대신 생명력과 활력을 통한 기쁨, 즐거움 그리고 날아갈 듯한 자유를 이야기한다. 그 모든 것을 위해서는 우리 내면의 의지가 삶의 활력을 향하고 있어야 한다. 우리의 내면을 역동적인 에너지가 충만한 구도로 만들어야 한다. **우리의 정서, 욕망, 의지를 이용해 바로 지금을 춤추듯 기쁘게, 열정적으로 살아가**

야 한다. 이것이 바로 죽음이 아닌 삶에의 의지이다.

> 크건 작건 투쟁은 힘에의 의지를 따라 모든 곳에서 우세, 상승, 확장, 권력을 꾀한다. 이것이 곧 삶에의 의지다.[149]

당신이 처해 있는 상황이 어떨지라도 무엇도 당신의 의지를 꺾을 수 없다. 당신의 의지가 삶을 향하도록 하자. 그 의지를 가지고 우세, 상승, 확장, 권력을 꾀하자. 그것이 니체가 우리에게 바라는 모습이고, 그가 역경을 딛고 살아갔던 삶의 모습이다.

현재 나의 위치가 어디인지는 중요하지 않다. 과거 내가 게으른 탓이었다고 하더라도 니체 심리학에서는 그 게으른 과거도 운명으로 받아들인다. 신체적인 조건이나 타고난 재능의 차이, 부모의 가난 등으로 인해 평균에 미치지 못한다면 그것은 더더욱 당신의 잘못이 아니다. 중요한 건 지금 나의 위치가 아니라 내가 서 있는 이곳에서 힘에의 의지를 발휘하고 있는지다. 아래 내용을 통해 힘에의 의지를 통해 도달하고 싶은 곳이 어디인지 니체식으로 생각해 보자.

- 지금보다 더 나아지고 싶은 것이 있는가?

- 위에 적은 것들 안에서 현재 나의 위치(기준점)는 어디쯤인가?

- 위 욕망을 향할 때 넘어야 할 장애물이 있다면 무엇이며 어떻게 넘을 수 있을까?

니체의 심리학은 의지를 향한다.
내면의 여러 감정이 움직이고
경쟁하고 충돌하는 가운데
'힘'이 만들어지고
그 힘은 쾌감이라는 감정을 통해 돌아온다.

매일 힘에의 의지를 느끼고 실천하라.

이제 니체를 실현할 때

니체의 심리학을 만났으니 이제 변화할 수 있을까? 나다운 삶을 살아갈 수 있을까? 여전히 실천은 쉽지 않을 것이다. 다시 좌절에 빠질지 모르는 독자들을 위해 니체의 마지막 메시지를 전한다.

자녀를 키우는 40대 주부는 사랑이 소유욕의 다른 이름임을 알게 되었더라도 아이의 진학과 진로에 필요 이상의 관심을 쏟을 테고, 10대 학생은 부모에게 무작정 순종하지 않고 자신의 길을 가려 해도 용돈이 끊기면 다시 본래의 모습으로 돌아갈 것이다. 20대 연인들은 사랑하고 미워하는 가운데 스스로를 발견하기보다 상실해 갈 것이고 자신의 10대를 돌아보며 아모르 파티가 아닌 회한에 빠져들 수 있다.

처방에는 부작용도 따르기 마련이다. 착하다는 이야기를 들어온 30대 직장인이 이 책을 읽고 남에게 신경 끄면 동료들에게서 걱정을 들을 테고, 그렇지 않아도 꼰대로 정평이 나 있는 50대 부장님은 이기적인 면모까지 더해져 외톨이가 될 수도 있다. 은퇴한 60대는 이제부터 열정적으로 살겠다고 무모한 도전을 하다 얼마 없던 재산마저 잃을 수 있다.

니체는 이와 같은 현실을 알기 때문에 『차라투스트라는 이렇게 말했다』의 부제를 '모두를 위한, 그리고 누구도 위하지 않는 책'이라고 붙이지 않았을까. 자신의 생각을 세상에 내놓기는 했지만 '남들이 내 주장을 이해나 하겠어? 또 이해했다고 해서 얼마나 실천하겠어?'라며 독자에 대한 불신을 드러낸 것이다. 니체스러운(니체는 사람을 잘 믿지 않는다) 제목이 아닐 수 없다.

하지만 그는 위 책의 서문에서 자신의 메시지를 실천할 수 있는 극히 소수의 사람들을 위해 이런 명언을 남겼다.

인간은 극복되어야 할 존재다.

니체의 심리학을 이해하고 앞으로 어떻게 살겠다고 다짐하는 것만으로는 부족할 수 있다. **우리는 극복'되어야' 한다.**

니체가 이 문장을 굳이 수동태로 쓴 이유를 짐작해 본다. 본문에서 소개했듯 니체는 주어를 문장 맨 앞에 내세우는 어법 구조 때문에 우리가 자신의 내면을 이해하는 데 어려움을 겪는다고 봤다. 이제 '나'라는 주체를 지우고 내 안에 일어나고 움직이는 감정만 들여다보라는, 그렇게 '내면의 극복'을 실천하라는 의도는 아니었을까?

일찍이 동양의 고전 『논어』에도 극복이라는 단어가 등장한다. 안연이라는 제자가 공자에게 '인仁'이 무엇인지 물었을 때 스승은 이렇게 대답했다.

"자기를 이겨서 예로 돌아가는 것이다. 하루하루 극기복례克己復禮하면 천하가 인으로 돌아갈 것이다. 인을 행하는 것이 자기로부터이지 남으로부터이겠는가?"

공자가 '극기', 즉 넘어서려던 대상은 온갖 나쁜 감정, 대표적으로 이기심과 같은 감정이다. 그것들을 극복한 결과 동정심(측은지심)처럼 이타적인 마음을 갖고 도덕적인 삶을 살기를 독려한다. 반면 니체는 동정심과 기존의 도덕을 극복해서 힘에의 의지를 실천해야 한다고 한다. 극복해야 할 대상이 반대다. 물론 공자 또한 이립而立, 즉 홀로서기를 강조했기 때문에 니체와 공통점이 없지는 않다.

그렇다면 도덕적인 삶을 위한 공자의 극복이 어려운가, 이기적인 삶을 위한 니체의 극복이 어려운가? 똑같은 질문을 이렇게 할 수도 있다. 남들이 인정하는 훌륭한 인성을 갖추기가 어려운가, 오직 나다운 길을 가는 홀로서기가 어려운가? 둘 다 어렵다. 그래서 공자와 니체 모두 '극복'이라는 말을 썼다. 어쨌든 니체는 기존의 도덕에 반기를 들기 때문에 이 부분에서 공자의 극복과 구분된다.

니체의 극복이 최종적으로 지향하는 바는 무엇인가. 그것은 부나 성공과 같이 많은 사람이 그리는 목표가 아니다. 니체의 목표는 자유다. 남에게 휘둘리지 않고 오직 나로 살아가기 위한 그런 자유를 추구했다.

그래서 니체는 중력과 같은 무거움을 싫어했고 날아갈 듯한 가벼움과 즐거움을 추구했다. 그는 후대 사람들이 니체 이전의 철학과 니체 이후의 철학을 나눌 만큼 독특하고 자유로운 사유를 전개했다.

오늘날 니체가 우리에게 힘과 위로를 주는 이유는 니체만큼 우리를 구속하는 모든 것을 전복하도록 안내한 철학자가 없었기 때문이다. 악에도 아름다움이 있다는 그의 말이 모든 것을 대변한다. "너는 틀렸어, 잘못됐어, 나빠, 문제가 있어"와 같이 우리를 위축시키는 모든 말들은 니체 철학 앞에서 완전히 무력해진다.

또 니체처럼 우리의 욕망을 긍정해 준 철학자 또한 일찍이 없었다. 니체처럼 우리의 부끄러운 과거를 사랑할 수 있도록 만들어준 철학자 역시 없었다. 니체처럼 우리의 신체적인 결함과 문제점을 가려주고 그럼에도 초인이 될 수 있다고 이야기해 준 철학자도 없었다. 니체처럼 알량한 이성의 능력보다 지금 우리가 느끼는 정, 감정, 열정, 쾌감이 더 중요하다면서 절망 가운데서도 춤을 추라고 말한 철학자는 없었다. 심지어 꿈을 강요하는 이 시대에 "나는 미래의 무지를 사랑한다"[150]라면서 꿈이 없어도 괜찮다고 말해준다.

　하지만 니체의 목소리가 그저 위로로 끝나면 곤란하다. 그동안 니체 관련 도서들은 니체의 철학 전반을 소개하거나 그의 아포리즘을 통해 삶을 대하는 태도를 안내하는 내용이 주를 이루었다. 하지만 니체의 사상을 전반적으로, 혹은 단편적으로 이해하는 것만으로는 우리의 삶이 쉽게 변화하지 않는다. **진정 삶이 변화하려면 니체가 강조한 대로 내면의 힘을 향해 극복하며 나아가야 한다.** 니체가 투쟁이라고 표현한 이 과정은 다름 아닌 우리의 '마음'에서 이루어진다. 그래서 이 책은 니체의 심리학에 집중했다. 이제 극복이라는 실천은 당신의 몫이다.

- 하루에 한 번 혹은 일주일에 한 번이라도 내면의 감정과 그 움직임에 대해 기록한다. 자신의 감정이 헷갈리거나 복잡할 때는 이 책에 담긴 10가지 감정(후회, 욕망, 동정, 고독, 용기, 미움, 사랑, 절망, 불안, 의지)을 활용하면 좋다.

- 특히 미움, 절망, 분노, 고통과 같이 좋지 않은 감정이나 느낌에 주목한다. 이것들이 희망, 기쁨, 즐거움과 같은 좋은 감정과 충돌한 적 있는지 생각해 본다. 그 두 가지가 부딪쳤을 때 어떤 힘과 의지를 만드는지 지켜본다.

- 위 결과가 무기력과 체념으로 이어지지 않도록 한다. 필요하다면 니체가 말한 '내면의 요리사'가 되어 모든 감정들을 재료로 삼아 활력이 강해지는(에너지가 충만한) 방향으로 이끈다.

- 활력의 강화라는 기준으로 하루를 살아간다. 그리고 그런 나를 사랑한다.

복에 대해서」.

17 『차라투스트라』, 「원하지 않은 행
복에 대해서」.

18 『이 사람을 보라』, 「나는 왜 하나의
운명인지」.

19 『즐거운 학문』, 17.

20 『유고(1881)』, 16[22].

21 『차라투스트라』, 「더 높은 인간에
대해서」.

22 『아침놀』, 516.

23 『선악의 저편』, 175.

1 『이 사람을 보라』, 「내가 운명인 이유」.

24 『인간적2』, 1장 366.

2 『차라투스트라』, 「세 가지 악에 대
해서」.

25 『인간적인』, 79.

26 『선악의 저편』, 176.

3 『인간적인』, 35.

27 『인간적2』, 1장 38.

4 『아침놀』, 105.

28 『차라투스트라』, 「오류 없는 인식
에 대해서」.

5 『유고(1881)』, 11[226].

6 『인간적인』, 101.

29 무라카미 하루키, 『달리기를 말할
때 내가 하고 싶은 이야기』, 문학사
상, 2009.

7 『아침놀』, 516.

8 『즐거운 학문』, 14.

9 『선악의 저편』, 220.

30 『차라투스트라』, 「행복의 섬에서」.

10 『유고(1881)』, 12[25].

31 『유고(1881)』.

11 『인간적인』, 96.

32 『차라투스트라』, 「중력의 영에 대
해서」.

12 『즐거운 학문』, 328.

13 『유고(1881)』, 11[65].

33 『차라투스트라』, 「더 높은 인간에
대해서」.

14 『유고(1881)』, 11[193].

15 『선악의 저편』, 265.

34 『차라투스트라』, 「순결에 대해서」.

16 『차라투스트라』, 「원하지 않은 행

35 『차라투스트라』, 「몸을 경멸하는

자들에 대해서」.

36 『아침놀』, 564.

37 『즐거운 학문』, 179.

38 키에르케고르, 『키에르케고르 선집』, 집문당, 2014.

39 『유고(1881)』, 12[58].

40 『차라투스트라』, 「옛 법과 새로운 법에 대해서」.

41 『아침놀』, 507.

42 『아침놀』, 468.

43 『차라투스트라』, 「옛 법과 새로운 법에 대해서」.

44 앙리 베르그송, 『창조적 진화』, 아카넷, 2005. 참고

45 『즐거운 학문』, 304.

46 『아침놀』, 218.

47 『아침놀』, 133.

48 『차라투스트라』, 「가장 추한 자」.

49 『인간적인2』, 2장 50.

50 『인간적인2』, 1장 68.

51 『즐거운 학문』, 13.

52 『인간적인』, 47.

53 『아침놀』, 131.

54 아르투어 쇼펜하우어, 『쇼펜하우어의 행복론과 인생론』, 을유문화사, 2023.

55 『차라투스트라』, 「시장의 파리 떼에 대해서」.

56 『저녁놀』, 522.

57 『유고(1881)』, 12[181].

58 『인간적인2』, 1장 228.

59 칼 구스타프 융, 『기억 꿈 사상』, 김영사, 2007.

60 『즐거운 학문』, 50.

61 『인간적인2』, 1장 251.

62 『인간적인2』, 1장 231.

63 『즐거운 학문』, 338.

64 『차라투스트라』, 「치유되는 자」.

65 『선악의 저편』, 194.

66 『인간적인』, 385.

67 『아침놀』, 104.

68 『차라투스트라』, 「세 가지 악에 대해서」.

69 『차라투스트라』, 「더 높은 인간에 대해서」.

70 『차라투스트라』, 「보잘것없게 만드는 덕에 대해서」.

71 『차라투스트라』, 「서문」.

72 『차라투스트라』, 「서문」.

73 『즐거운 학문』, 283.

74 『인간적인2』, 2장 52.

75 『선악의 저편』, 40.

76 『차라투스트라』, 「옛 법과 새로운 법에 대해서」.

77 『차라투스트라』, 「전쟁과 전사들에 대해서」.

78 『선악의 저편』, 173.

79 『선악의 저편』, 182.

80 『인간적인』, 531.

81 수 프리도, 『니체의 삶』, 비잉, 2020. 참고

82 『즐거운 학문』, 279.

83 『아침놀』, 380.

84 『차라투스트라』, 「보잘것없게 만드는 덕에 대해서」.

85 『차라투스트라』, 「동정하는 자들에 대해서」.

86 『아침놀』, 517.

87 『아침놀』, 406.

88 『선악의 저편』, 146.

89 『차라투스트라』, 「더 높은 인간에 대해서」.

90 『선악의 저편』, 275.

91 『유고(1881)』, 11[246].

92 『아침놀』, 147.

93 『차라투스트라』, 「이웃 사랑에 대해서」.

94 『차라투스트라』, 「동정하는 자들에 대해서」.

95 『차라투스트라』, 「더 높은 인간에 대해서」.

96 『즐거운 학문』, 345.

97 『이 사람을 보라』, 「나는 왜 이렇게 훌륭한 책을 쓰는지」.

98 『차라투스트라』, 「중력의 영에 대해서」.

99 『즐거운 학문』, 14.

100 『인간적인2』, 1장 75.

101 『아침놀』, 145.

102 『인간적인2』, 1장 287.

103 『즐거운 학문』, 69.

104 『유고(1881)』, 11[275].

105 『인간적인2』, 2장 83.

106 『선악의 저편』, 168.

107 『선악의 저편』, 75.

108 미셸 푸코, 『성의 역사 1』, 나남, 2020.

109 『선악의 저편』, 183.

110 『인간적인』, 406.

111 『차라투스트라』, 「옛 법과 새로운 법에 대해서」.

112 『차라투스트라』, 「옛 법과 새로운 법에 대해서」.

113 『인간적인2』, 2장 67.

114 『즐거운 학문』, 12.

115 『즐거운 학문』, 338.

116 『아침놀』, 518.

117 『즐거운 학문』, 48.

118 『즐거운 학문』, 301.

119 『유고(1881)』, 11[322].

120 『선악의 저편』, 270.

121 『즐거운 학문』, 341.

122 『유고(1881)』, 11[161].

123 『인간적인』, 에필로그.

124 『차라투스트라』, 「더 높은 인간에 대해서」.

125 『차라투스트라』, 「읽기와 쓰기에 대해서」.

126 『즐거운 학문』, 3

127 『우상의 황혼』, 4.

128 『즐거운 학문』, 3.

129 『아침놀』, 204.

130 『유고(1881)』, 11[16].

131 『아침놀』, 122.

132 『즐거운 학문』, 360.

133 『차라투스트라』, 서문.

134 『아침놀』, 108.

135 『차라투스트라』, 「더 높은 인간에 대해서」.

136 『차라투스트라』, 「해 뜨기 전에」.

137 『차라투스트라』, 「해 뜨기 전에」.

138 니코스 카잔차키스, 『그리스인 조르바』, 열린책들, 2009.

139 『차라투스트라』, 「자발적인 죽음에 대해서」.

140 『차라투스트라』, 「읽기와 쓰기에 대해서」.

141 『선악의 저편』, 23.

142 『차라투스트라』, 「가장 고요한 시간」.

143 『선악의 저편』, 19.

144 『선악의 저편』, 117.

145 『즐거운 학문』, 26.

146 『즐거운 학문』, 4.

147 『아침놀』, 356.

148 『선악의 저편』, 21.

149 『즐거운 학문』, 349.

150 『즐거운 학문』, 287.

너를 위해 사는 것이
인생이라고 니체가 말했다

자유롭고 단단한 삶을 위한 이기심의 심리학

초판 1쇄 발행 2024년 10월 30일
초판 2쇄 발행 2025년 5월 28일

지은이 이관호
펴낸이 김선식
부사장 김은영
콘텐츠사업본부장 박현미
책임편집 노현지 **책임마케터** 박태준
콘텐츠사업9팀장 차혜린 **콘텐츠사업9팀** 최유진, 노현지
마케팅1팀 박태준, 권오권, 오서영, 문서희
미디어홍보본부장 정명찬 **브랜드홍보팀** 오수미, 서가을, 김은지, 이소영, 박장미, 박주현
채널홍보팀 김민정, 정세림, 고나연, 변승주, 홍수경
영상홍보팀 이수인, 염아라, 김혜원, 이지연
편집관리팀 조세현, 김호주, 백설희 **저작권팀** 성민경, 이슬, 윤제희
재무관리팀 하미선, 임혜정, 이슬기, 김주영, 오지수
인사총무팀 강미숙, 이정환, 김혜진, 황종원
제작관리팀 이소현, 김소영, 김진경, 최완규, 이지우, 황인우
물류관리팀 김형기, 김선진, 주정훈, 양문현, 채원석, 박재연, 이준희, 이민운
외부스태프 디자인 STUDIO BEAR **표지 일러스트** Robby Fathur **본문 일러스트** freepik, Vectonauta

펴낸곳 다산북스 **출판등록** 2005년 12월 23일 제313-2005-00277호
주소 경기도 파주시 회동길 490 다산북스 파주사옥
전화 02-704-1724 **팩스** 02-703-2219 **이메일** dasanbooks@dasanbooks.com
홈페이지 www.dasan.group **블로그** blog.naver.com/dasan_books
종이 스마일몬스터피엔앰 **인쇄 및 제본** 한영문화사 **코팅 및 후가공** 제이오엘앤피

ISBN 979-11-306-4840-8 (03100)

다산북스(DASANBOOKS)는 책에 관한 독자 여러분의 아이디어와 원고를 기쁜 마음으로 기다리고 있습니다.
출간을 원하는 분은 다산북스 홈페이지 '원고 투고' 항목에 출간 기획서와 원고 샘플 등을 보내주세요.
머뭇거리지 말고 문을 두드리세요.